Karina Kopp-Breinlinger
Petra Rechenberg-Winter

In der Mitte der Nacht beginnt ein neuer Tag

Mit Verlust und Trauer leben

Kösel

Jedes Ende birgt den Keim
für einen neuen Anfang.

Hugo von Hofmannsthal

3. Auflage 2007
Copyright © 2003 Kösel-Verlag, München,
in der Verlagsgruppe Random House GmbH
Umschlag: Kaselow-Design, München
Umschlagmotiv: California Poppies/SHINICHI EGUCHI. Photonica Hamburg
Druck und Bindung: Pustet, Regensburg
Printed in Germany
ISBN 978-3-466-36619-4

Gedruckt auf umweltfreundlich hergestelltem Werkdruckpapier
(säurefrei und chlorfrei gebleicht)

www.koesel.de

Karina Kopp-Breinlinger
Petra Rechenberg-Winter

In der
Mitte der
Nacht
beginnt
ein neuer Tag

Inhalt

Vorwort und Dank

»Keiner trauert für sich allein ...«

Dieser Leitgedanke betont, dass Trauern im zwischenmenschlichen Wechselspiel stattfindet und einen Entwicklungsprozess bedeutet, der uns und die Menschen um uns verändert. So entstand auch das vorliegende Buch nicht ausschließlich am Schreibtisch der Autorinnen, sondern ist Ergebnis eines intensiven Austauschs mit vielen Menschen.

Unser herzlicher Dank gilt daher unseren Klientinnen und Klienten, den Teilnehmenden unserer Seminare, Trauergruppen und Weiterbildungen. Durch ihre vertrauensvolle Offenheit und Authentizität gaben sie uns wertvolle Einblicke in ihre persönliche Trauer und tiefen Wandlungsprozesse und trugen zur Essenz dieses Buches wesentlich bei.

Tatkräftig standen uns unsere Partner und Familien während der Entstehungszeit zur Seite. So danke ich, Petra Rechenberg-Winter, besonders meinem Mann Dr. Friedrich Winter für seine achtsame wie vielseitige Unterstützung, fürs Mitdenken und Mutmachen. Meine Mutter Gertrud Rechenberg und meine Tochter Kathleen Hunecke begleiteten aufmerksam und kreativ Werden und Wachsen dieses Buches; für unser gutes Zusammenspiel bin ich außerordentlich dankbar.

Ich, Karina Kopp-Breinlinger, bedanke mich bei meinem Ehemann Helmut für seine umfangreichen Beiträge zum Projekt: sein konstruktives Mitdenken, sein kritisches Echo und seine ausdauernde Unterstützung dabei, meine Gedanken in einem PC »zu Papier« zu bringen. Meine Kinder Lisa, Dominik und Philipp trugen durch aufmunternde Gespräche, meine Freundin Sieglinde durch Rückenstärkung vielerlei Art zum Gelingen dieses Buches bei.

Wir Autorinnen bedanken uns gemeinsam bei unseren Kolleginnen Renata Bauer-Mehren und Esther Fischinger für ihre fachlichen Impulse und konstruktiven Anmerkungen. Freundschaftlich stellte uns Christiane Knoop ihre ausdrucksvollen Fotos zur Verfügung.

Danken möchten wir nicht zuletzt unserem Lektor, Winfried Nonhoff, für seine durchgängig ermutigende, hilfreiche Begleitung und Frau Ilse Weidenbacher für die einfühlsame Buchgestaltung.

Dieses Buch wendet sich:

- an Trauernde, die aktuell in einer Abschieds- oder Verlustsituation stehen,
- an Menschen, die einen früheren Verlust – vielleicht weit zurückliegend – betrauern,
- an alle, denen künftig ein Abschied oder eine Trennung bevorsteht,
- und an all jene, die diesen Menschen nahe stehen und sie in der Trauer begleiten.

»Trauer« und »Verlust« beziehen wir auf vielfältigste Abschiede und Verluste, wie auf Verlust von Gesundheit, Trennung von einem Partner, Weggang der Kinder aus dem Elternhaus, Verlust des Arbeitsplatzes und nicht ausschließlich auf Erfahrungen im Umfeld von Sterben und Tod.

Als »Begleitende« sprechen wir nicht nur die Frauen und Männer an, die aus medizinischen, therapeutischen oder seelsorgerischen Arbeitsfeldern heraus Trauernde begleiten, sondern auch Verwandte, Freunde und Nachbarn; alle die Menschen, die standhalten, mitgehen und so zu einer stärkenden Ressource werden. Auch wenn das Sprichwort verheißt: »geteiltes Leid ist halbes Leid«, ist es keineswegs einfach, sich in Zeiten der Trauer anderen zuzumuten, sich mitzuteilen oder Anteil zu nehmen.

So individuell Verlusterfahrungen und die jeweiligen Trauerprozesse auch verlaufen, gibt es doch auch Verbindendes und Gemeinsames, aus dem wir unser Anliegen ableiten:

- im meist unvermeidbaren Chaos der Trauer Orientierung zu geben,
- den Einzelnen in die größere Solidargemeinschaft Trauernder einzubeziehen,
- Verständnis für die eigene Trauererfahrung und die anderer Menschen zu fördern,
- zu einem liebevollen und individuellen Umgang mit Trauer zu ermutigen,
- das Spannungsfeld von Rückzug und Begegnung aufzuzeigen,
- an Ressourcen anzuknüpfen und Wege in die Zukunft zu ersinnen,
- Trauerkultur wieder zu entdecken und uns neu anzueignen.

Wie ein roter Faden wird uns dabei das Bild des Labyrinths begleiten; dieses alte Symbol, das im Kapitel »Wenn Worte fehlen – Bilder und Symbole« noch ausführlicher vorgestellt wird.

Das vorliegende Buch basiert auf unserer jahrelangen Praxis in der Begleitung trauernder Menschen. Seit vielen Jahren leiten wir als Pädagogin und Psychotherapeutin Trauergruppen, Seminare, führen Einzelbegleitungen durch und Fortbildungen zum Thema Abschieds- und Verlustarbeit.

Auf dem Hintergrund dieser Arbeit und unserer Supervisions- und Lehrerfahrungen haben wir Autorinnen mit Renata Bauer-Mehren 1997 das Münchner Institut für Trauerpädagogik – M.I.T. – gegründet. Hier bieten wir Fort- und Weiterbildungen für all diejenigen Berufsgruppen und ehrenamtlich Tätigen an, die in ihrem Alltag Menschen und Lebensläufen mit

Verlusten begegnen und dabei auf Abschied, Trennung, Trauer und Neubeginn treffen.*

Noch ein Hinweis zur Benutzung des Buches: An einigen Stellen (zum Beispiel S. 75) haben wir besondere Empfehlungen für Begleitpersonen von Trauernden gegeben. Diese wurden mit dem grafischen Symbol ⬇B gekennzeichnet.

---

* Bewusst haben wir bei unseren Formulierungen das »wir« in zwei Bedeutungen verwendet. Zum einen, wenn wir als Trauerbegleiterinnen aus professionellem Blickwinkel berichten. Zum anderen bezieht sich das »wir« auf allgemeine Erfahrungen im Umgang mit Trauer. Denn wir sind als Fachleute und Begleiter immer auch als Trauernde mit einbezogen, ebenso wie Trauernde als Fachleute für ihre eigene Trauer.

Man sagt mir,
ich solle es nicht so schwer nehmen.
Man sagt mir,
das Leben ginge weiter.
Man sagt mir,
jeder müsste lernen,
Verluste zu überwinden.
Man sagt mir,
jede Prüfung des Lebens
brächte mich weiter.
Man sagt mir,
die Zeit lässt jeden Schmerz vergehen.
Aber
hier und jetzt bin ich allein!
Lasst mich nicht alleine
in diesen Abgrund stürzen.

Tina Krug

Einleitung

Vorurteile und Mythen

Ausgeliefert ihrem Schmerz, ihrer Einsamkeit, den Zwängen und Erwartungen des Umfeldes, so schildert Tina Krug ihre Trauererfahrung und spricht vielen Trauernden aus der Seele. Da tut sich ein Abgrund auf, in den wir zu stürzen drohen. Rezepte für »richtiges Trauerverhalten« drücken die Hilflosigkeit der Nahestehenden aus. Statt Mitgefühl – nicht Mitleid! – und Anteilnahme erfahren wir oft Vertröstungen und eine einseitige und meist vorschnelle Ausrichtung des Blickes »nach vorne«.

An einschneidenden Wendepunkten unseres Lebens wie Abschiede, schmerzliche Verluste oder Trennungen werden wir als Trauernde auch konfrontiert mit mehr oder weniger erfolgreichen Verdrängungsstrategien, mit Abwehrhaltungen und Ängsten, mit Vorurteilen. Bevor wir das Phänomen »Trauer« in seiner Komplexität beleuchten und Beispiele für lebens- und entwicklungsfördernde Trauerwege aufzeigen, wollen wir diese auf uns einwirkenden Strömungen und Vorurteile untersuchen. Sie tragen in erheblichem Ausmaß dazu bei, dass wir diese Lebensthemen ausgrenzen oder möglichst schnell darüber hinwegkommen wollen, anstatt uns bewusst damit auseinander zu setzen. Unbewusst von Generation zu Generation weitergegeben, wirken sich diese Einstellungen für den Einzelnen und die Gesellschaft mitunter verhängnisvoll aus.

Ein Indianer kennt keinen Schmerz!
Dieser pauschale Aufruf zu falsch verstandener Stärke hat – wie der Appell »ein Junge weint nicht« oder »das war doch nicht so schlimm!« – vermutlich langfristig mehr Schaden angerichtet und Schmerz verursacht, als er »verhindert« hat. Wenn etwas Kostbares von uns geht oder uns genommen wird, dann haben wir ein Recht zu trauern. Und verspüren wir als Hinterbliebene nicht auch die Verpflichtung, über das Verlorene zu trauern? Die Trauer fordert ihren Ort, wo sie sein darf, sie fordert Zeit und Resonanz, sie will gesehen und beachtet werden.

Die Herausforderung an den Einzelnen heißt, seine Wege individuell zu gestalten, doch wie ein Kompass in unwegsamem Gelände nur dann Orientierung gibt, wenn er nach Norden ausgerichtet wird, haben auch diese Wege eine gemeinsame Ausrichtung. Im Gegensatz zum geläufigen Sprichwort »ein Indianer kennt keinen Schmerz« heißt sie nach Waldemar Pisarski:

Ein Indianer *kennt* seinen Schmerz!

Dies erfordert, sich dem Schmerz zu stellen und sich darin kundig zu machen:

warum es weh tut;	*Art des Verlustes*
wo es weh tut;	*emotionale, funktionale Auswirkungen*
wie heftig und wie lange es sich auswirkt;	*Bedeutung für den Einzelnen, Mitbetroffene*
was gut tut und zur Heilung beiträgt	*Ressourcen*

Ein weiteres Missverständnis sei ebenso kritisch hinterfragt: die Annahme, dass die Zeit alle Wunden heilt. Denn bloßes Abwarten hilft nicht weiter! Trauernde erfahren, dass der Schmerz sich nicht von alleine auflöst, dass sie selbst einen erheblichen Beitrag leisten und sich der Trauerarbeit stellen müssen. Die Wunde, die der Verlust schlägt, muss gut versorgt sein, damit sich eine Narbe bilden kann. Dann leistet auch die Zeit ihren Beitrag zur Heilung.

Unheilvoll wirken sich die Berührungsängste aus, die wir von Kindheit an im Umgang mit diesen Themen erfahren: Abschiede werden heimlich genommen, Kinder sollen »verschont« bleiben und mit Verlusten, Trennungen und insbesondere Sterben und Tod nicht in Kontakt kommen. Anstatt hilfreicher Unterstützung und Akzeptanz des Schmerzes gibt es Ablenkung und Vertröstungen!

So wird die Hoffnung genährt, wir könnten diesen mit Schmerz, Enttäuschung, Trauer verbundenen Erfahrungen möglichst lange »entkommen«, vielleicht sogar der eigenen Vergänglichkeit entrinnen. Unvorbereitet trifft uns dann der letzte Abschied: »Plötzlich und unerwartet verstarb unsere liebe Mutter im Alter von 78 Jahren ...«

Abschiede, Trennungen und Verluste werden häufig als persönliches Versagen, als Scheitern erlebt und gesehen. Bisweilen sogar als Strafe. Schuldgefühle und Selbstvorwürfe quälen uns: »Was habe ich falsch gemacht, dass mich das Schicksal so heftig trifft/bestraft?«

Wir beginnen, an uns selbst, an unserer Liebe, unserem Glauben zu zweifeln. Diese Verluste lassen sich nicht vereinbaren mit unserer Vorstellung von Gerechtigkeit oder von Gott.

All dies verstärkt unsere Neigung, zu verdrängen und zu verschweigen, wir wollen – und sollen – stark sein. Wir werden bestätigt durch die verbreitete Überzeugung: »Ich muss da alleine durch! Mir kann sowieso keiner helfen!«

Auch die Hilflosigkeit der Umgebung, deren Ängste und Vorurteile erschweren die Verarbeitung. So können wir der Meinung begegnen, dass Krankheit, Verlust und Tod ins eigene Leben treten, wenn wir sie nicht »meiden«; oder dass die intensive Auseinandersetzung mit diesen Themen »depressiv« mache. Vielleicht lässt man uns spüren, dass wir eigentlich schon »viel weiter« sein sollten. Was bleibt da außer Rückzug?

**Wer bin ich
und wohin geht mein Weg?**

Weil Vergänglichkeit und Verluste nicht mehr als Teil unseres alltäglichen und »normalen« Lebens gesehen werden, fühlen Trauernde sich als Außenseiter unserer Gesellschaft. Abgesehen von der kurzen Zeitspanne, in der die Gesellschaft ein Interesse an ihnen hat, finden deren Bedürfnisse wenig Beachtung, keinen Schonraum. »Nun musst du dich aber wieder auf die Schule konzentrieren und deine Leistung erbringen!« Diesen »wohlmeinenden« Rat bekam ein Schüler eine Woche nach dem Suizid seines Bruders von der Lehrerin.

Doch als Trauernde befinden wir uns in einem meist länger andauernden Ausnahmezustand. Wir selbst und unser Lebensumfeld ist von Grund auf erschüttert. Wir hinterfragen unsere eigene Identität: »Bin ich nach dem Weggang meines Mannes noch Ehefrau? Kann ich mich noch Mutter nennen nach dem Tod meines Kindes?« Wichtige Lebensbereiche verlieren ihre bisherige Selbstverständlichkeit. Die Tragweite dieser Erschütterung ist in hohem Maße abhängig von Art und Vorhersehbarkeit, Umfang und Zeitpunkt des Verlustes, von der Intensität der Beziehung, die wir zum Verlorenen hatten und unserer eigenen Biographie.

Krisen- und Wendezeiten erschüttern uns, stellen das Gewesene in Frage, fordern, Sinn und Aufgabe unseres Lebens noch einmal neu zu überdenken.

Die Chinesen kennen für das Wort »Krise« kein eigenes Schriftzeichen, es setzt sich aus den beiden Zeichen für »Gefahr« und »Chance« zusammen.

Dieses Wissen findet sich auch im Titel unseres Buches: »In der Mitte der Nacht beginnt ein neuer Tag«. Auch wenn uns die Dunkelheit noch vollkommen einhüllt, uns scheinbar gefangen hält, auch wenn wir das Licht noch nicht wahrnehmen können – die Licht spendende Sonne und die sich drehende Erde bewirken bereits im Verborgenen das Heraufziehen eines neuen Tages. Diese physikalischen Vorgänge werden für uns Menschen allerdings erst dadurch zum erlebten Tag, dass wir uns dem Licht und der Wärme der Sonne öffnen.

Trauer birgt das Risiko, in der Dunkelheit, im Vergangenen verhaftet zu bleiben. Wir fühlen uns möglicherweise wie in einem Irrgarten gefangen. Doch wir haben auch die Chance, den Trauerweg als Entwicklungsweg anzunehmen, an ihm zu reifen und gestärkt zu werden. Diesen Weg zu meistern, erfordert, ihn bewusst anzugehen. Für den Begleitenden heißt dies, einzelne Wegstrecken mitzugehen. Nicht nur Schritte in die Vergangenheit und Erinnerung stehen dabei an, auch die Gegenwart will reflektiert werden, um neue Lebensperspektiven entwickeln zu können!

Wir vertrauen darauf, dass Sie, wie viele Trauernde, auf diesem Weg zu gereiften Antworten gelangen und Ihre Lebenszuversicht und Lebensfreude wiederfinden werden.

Trauer ist ein Entwicklungsweg,
der die Sinnfragen des Lebens neu stellt:

- Wer bin ich?
- Woher komme ich? Wohin gehe ich?
- Was ist Sinn und Aufgabe meines Lebens?

Dem Schmerz Ausdruck verleihen

Zu den zentralen und wiederkehrenden Herausforderungen menschlichen Lebens zählt die Erfahrung, dass unabhängig von Kultur, Epoche, Geschlecht und Alter Schmerzhaftes zum Leben gehört und untrennbar mit jeder Biografie verbunden ist. Als »Urerfahrung« wurde diese Tatsache auch zum unverzichtbaren Bestandteil von Märchen und Mythen, von Kunst und Kultur in Malerei oder Bildhauerei, Literatur, Musik, Film oder Theater. In einer Vortragsreihe *Umgang mit Trauer und Verlusten anhand von Musikbeispielen aus der Oper* zeigt Renata Bauer-Mehren exemplarisch, wie solche existenziellen Erfahrungen musikalisch verarbeitet werden. Sei es in Puccinis *La Bohème*, wo die todkranke Mimi ihren anstehenden Abschied und den Tod annimmt und die Musik den Widerstand Rodolfos, das Aufbäumen gegen den Tod aufnimmt! Sei es die Urtrauer und Ursehnsucht, die wir in Wagners *Lohengrin* hören oder aber die »vorwegnehmende Trauer«, die schmerzliche Gewissheit, dass das Schicksal eine günstige Zukunftsperspektive zerschlagen wird, in Donizettis *Lucia di Lammermoor*. Auch der »Tragik des Ungelebten«, dem Verlust des Selbstbildes, der Trauer darum, »wie mein Leben hätte sein können«, begegnen wir. In *Othello* wurde dies von Verdi meisterhaft vertont.

Zu spüren, wie ureigenste Lebensthemen dort musikalisch aufgegriffen werden, schafft Verbindung und Solidarität mit denjenigen, die ähnliche Erfahrungen durchlebt haben. Tröstlich kann es sein, dort nicht nur unsere offenen Fragen gespiegelt zu sehen, sondern uns von diesen Erfahrungswegen auch zu persönlichen Antworten anregen zu lassen.

Wenn Worte fehlen ...

Weil es in Krisenzeiten oftmals so schwer ist, die »richtigen« Worte zu finden und weil Worte tiefe Empfindungen oft nicht befriedigend wiedergeben können, erweist es sich mitunter hilfreich, auf Worte zu verzichten: Bilder, Symbole und Metaphern bringen zum Ausdruck, was »hinter den Worten« (Rose Ausländer) lebt. Bilder sind tiefer als Sprache in unserer Psyche verankert. Beispielsweise hilft eine schöne Bildkarte, Sprachlosigkeit zu überbrücken, und wird als Anteilnahme verstanden und wertgeschätzt.

Bewusst gestalten wir die Mitte in einer Trauergruppe oder bei einem Vortrag mit Symbolen, wie getrockneten Blättern und frischen Blumen, einem Steinherz, einem Seidentuch in Regenbogenfarben, mit Kerze, Feder, Steinen, einer Klangschale. Die Assoziationen der Teilnehmer zu diesen Symbolen zeigen ein weites Spektrum an Erfahrungen auf. Der Ton, der »unter die Haut« geht, von keinem überhört werden kann und dennoch mit seiner Schwingung alle im Raum verbindet; die Natur als Vorbild für Wandlung: Abgefallenes, das zum Nährstoff für Neues wird; die Feder, die uns an »Federn lassen« erinnert, sich ungeschützt fühlen – und ebenso an Zärtlichkeit und Leichtigkeit, die wir vermissen. Christlich orientierte Teilnehmende führen zusätzlich das Kreuz als Symbol dessen an, was Menschen zu tragen haben, was sie aufrichtet oder auch provoziert.

Ein ebenfalls bewährtes Trauer-Symbol ist die *Muschel*: Sie ist dazu angelegt, den schmerzhaft eingedrungenen Fremdkörper zu bearbeiten, die Wunde zu spülen wie auch Tränen unsere Wunden reinigen. Immer wieder muss sie sich mit dem Eindringling auseinander setzen und das Schmerzende annehmen, bis sich langsam, Schicht um Schicht, daraus eine kostbare Perle gestaltet. Vergleichbar ist es für uns Menschen: Erst wenn wir das, was »außen« war an Beziehung und Begegnung, verinnerlicht haben, wird es zum kostbaren Schatz in uns.

Die Perle

Eine Auster sprach zu ihrer Nachbarin: »Ich trage großen Schmerz in mir. Schwer ist er und rund, und ich habe große Not.«

Die andere Auster antwortete mit überheblicher Selbstzufriedenheit: »Gelobt sei der Himmel und das Meer, denn ich habe keine Schmerzen. Es geht mir gut, innen und außen.«

In diesem Augenblick kam ein Krebs vorbei und hörte die beiden Austern. Daraufhin sagte er zu derjenigen, die innen und außen unversehrt war: »Ja, Dir geht es wohl gut; doch der Schmerz, den Deine Nachbarin in sich trägt, ist eine Perle von hinreißender Schönheit.«

Khalil Gibran

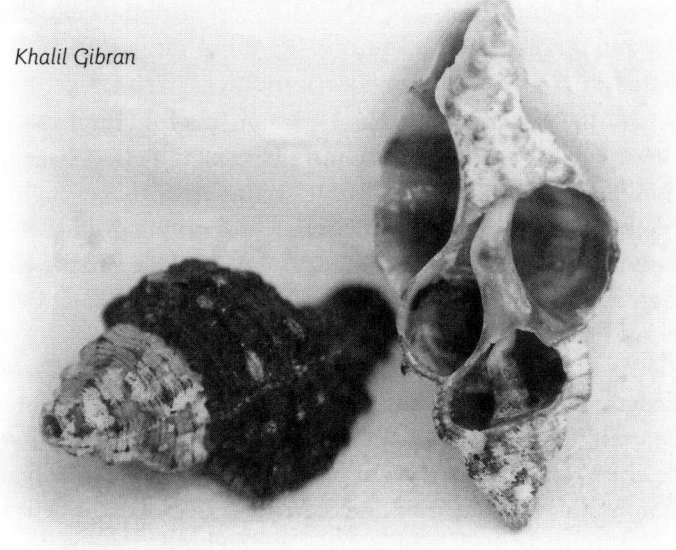

Da ist ein Land der Lebenden
und da ist ein Land der Toten.
Die Brücke zwischen ihnen ist die Liebe,
das Einzig-Bleibende, der einzige Sinn.

Thornton Wilder

Auch die *Brücke* vermittelt ein geeignetes Bild für Trauerwege, denn wir haben das »alte Land« verlassen, gehen zwar in Gedanken und Erinnerungen zurück, können dort aber nicht mehr bleiben. Wir sind im »Dazwischen«, denn auch das neue Ufer kennen wir noch nicht. So gehen wir auf der Brücke hin und her, bis wir unseren weiteren Weg ins Neu-Land, in neue Lebensentwürfe finden.

Einem reichen Schatz an Erfahrungen begegnen wir auch in Märchen. Über Generationen überliefert, projizieren sie Ängste ebenso wie Wünsche auf die Heldinnen und Helden, zeigen durch alle Widerstände und scheinbar unlösbare Verstrickungen hindurch doch einen Weg ans Ziel auf. Verena Kast entschlüsselt in ihrem Buch »Vom gelingenden Leben« die innewohnende »sinnstiftende Botschaft und wie wir sie auf unsere Lebenswirklichkeit übertragen können«.

Ihre Botschaft ist überraschend und hoffnungsvoll: es ist nicht entscheidend, wie optimal unsere Ausgangsbedingungen sind. Ob als Goldkind oder Prinz geboren oder als »Mädchen ohne Hände«: Wir müssen uns auf den Weg machen, immer wieder Gewohntes, Liebgewonnenes aufgeben, uns Gefahren aussetzen. Auch List und Tücke helfen nicht dauerhaft, das Ziel zu erreichen. Es scheitern immer diejenigen, die dem Alten verhaftet sind und nicht den Mut zu Wandel und Veränderung aufbringen. Wahre Helden meiden den Schmerz nicht, sie gehen ihren Weg durch Sumpf und Finsternis, und indem der Blick auf die inneren Schätze gerichtet wird, erkennen sie im Bettelmädchen die wahre Königin.

An dieser Stelle nehmen wir das Bild vom *Labyrinth* auf. Dieses alte Symbol, das uns unter anderem als kretisches Labyrinth mit sieben oder aus der Kathedrale von Chartres mit seinen zwölf Umgängen bekannt ist, kann als Abbild menschlicher Entwicklungswege mit ihren lebensbedrohenden Gefahren und Entwicklungschancen verstanden werden. Im Gegensatz zum Irrgarten, der erst in der Renaissance aufkam, verfügt das Labyrinth über nur einen Weg, der in eigenwilligem und verwirrendem Rhythmus zum Mittelpunkt und wieder zurück führt (siehe Kern, *Labyrinthe*).

Im Labyrinth

Wird das Leben als Irrgarten betrachtet,
ist jeder Fehler ein unnotwendiger Umweg
und vergeudet Zeit.
Ist das Leben ein Labyrinth,
dann ist jeder Fehler Teil des Weges
und ein unerlässlicher Lehrmeister.

Gernot Candolini

Wer schon einmal ein klassisches Labyrinth durchschritten hat, kennt die Erfahrung, mal näher, fast zum Greifen nah, am Zentrum zu sein, um gleich darauf auf dem weiteren Weg fast wieder ganz außen zu gehen. Zwischenzeitlich desorientiert fragen sich die Besucher: »Bin ich noch auf der richtigen Spur, erreiche ich mein Ziel?« Tatsächlich kommen wir immer zum Innersten, dem Umschlagpunkt in die Zukunft. Von dort aus gehen wir zwar denselben Pfad zurück, jetzt jedoch mit anderen Eindrücken, denn wir gehen in eine andere Richtung. Aus der Perspektive des Rück-Weges gewinnen wir neue Erfahrungen.

Das Labyrinth symbolisiert durch seine Wendepunkte alte Menschheitserfahrungen und Entwicklungswege. In der griechischen Mythologie gilt das Labyrinth als Einweihungsstätte. Gewandelt verlassen die kretischen Mädchen und Jungen das Labyrinth, denn sie sind im Inneren dem Minotaurus, das heißt den dunklen Seiten des Lebens begegnet, und gelten anschließend als Erwachsene. Bis heute wachsen Menschen an Wendepunkten, erhalten Reife und Einblick in bisher unbekannte, unerschlossene Dimensionen.

»Im Labyrinth finden wir die Gestalt, die der Fantasie Grenzen setzt und zugleich den Geist anregt, über sich selbst hinaus zu wachsen. In der Begegnung mit dem Ungeheuer, jenem sagenhaften Wesen, das in der Mitte wohnt, vollzieht sich die Wandlung des Reisenden: indem er in die Augen seines Gegenüber blickt, erkennt er sich selbst, und nie wird von da an die Welt so sein wie früher. Wenn er das Labyrinth verlässt, wird er alles anders sehen.«

Kaye Hoffmann

Trauer als Entwicklungsweg

Hintergründe und theoretische Aspekte

Unser Leben als Schule des Trauerns

Für den vor uns liegenden Trauerweg gilt, dass es kein Entkommen, kein Ausweichen gibt. Wir müssen den noch unbekannten Weg, der in vielen Windungen letztendlich zur Mitte führt, nehmen und darauf vertrauen, dass wir als Gewandelte wieder an einem neuen Anfang stehen. Auch als Begleitende wird uns dieser Weg beeinflussen, auch wir bleiben nicht »die Alten«, lernen dazu.

Machen wir uns im »Gelände« kundig und beleuchten das Phänomen »Trauer« in seiner Vielgestaltigkeit und Komplexität: die Verschiedenartigkeit von Trauerwegen, Erschwernisse und Störungen zu kennen, kann zu verständnisvollerem Umgang mit uns und anderen führen!

Vergänglichkeit und Trauer sind überall präsent, sowohl in der Natur als auch im menschlichen Leben. Das Einzige, das beständig ist, ist der Wandel! Das Blatt, das im Herbst zu Boden fällt, ist zwar Grundlage für neues Wachstum, doch genau dieses eine Blatt wird nicht mehr sein. Wenn Sie diesen Satz gelesen haben, ist auch diese Sekunde unwiederbringlich vorbei!

Schmerz und Klage sind unsere erste,
natürliche Antwort auf den Verlust eines
geliebten Menschen. Sie helfen uns durch
die erste Trauer und Not, sie genügen aber nicht,
um uns mit dem Toten zu verbinden.
Das tut auf primitiver Stufe der Totenkult:
Opfergaben, Grabschmuck, Denkmäler, Blumen.
Auf unserer Stufe aber muss das Totenopfer
in unserer eigenen Seele vollzogen werden,
durch Gedenken, durch genaueste Erinnerungen,
durch Wiederaufbau des geliebten Wesens in
unserem Inneren. Vermögen wir dies,
dann geht der Tote weiter neben uns,
sein Bild ist gerettet und hilft uns,
den Schmerz fruchtbar zu machen.

Hermann Hesse

Durch alle Geschichtsepochen hindurch und in allen Kulturen prägt uns diese Grunderfahrung, beginnend mit der Schwangerschaft bis zum Sterben. Leben ist ein ständiger Prozess der Veränderung, des Wachstums, der Vergänglichkeit und des Neubeginns.

Wachsen und Vergehen ist ein Lebensprinzip!
Nicht nur der letzte Abschied löst heftige Trauerreaktionen aus, auch bei Trennungen, einer Scheidung, bei ernsthaften Erkrankungen, insbesondere wenn wir Funktionen unseres Körpers oder einen Körperteil verlieren, aber auch, wenn die Kinder aus dem Haus gehen, beim Verlust des Arbeitsplatzes oder von Heimat empfinden wir Trauer.

Auf der Liste der »Stressful Life Events« sind etwa 50 Ereignisse mit hohem Stressfaktor aufgelistet. Ungefähr 80 Prozent davon sind mit Trauererfahrung verbunden, selbst freudige Ereignisse wie Heirat oder die Geburt eines Kindes bedeuten Abschied von der bisherigen Lebensphase. Auch der Wegzug von Freunden, Wohnortwechsel, Schul- oder Arbeitsplatzwechsel, ein neuer Chef – Veränderung bringt nicht nur Neues, sondern fordert auch, Vertrautes hinter uns zu lassen.

Möglicherweise fällt es leichter, einen konkreten Verlust zu betrauern und loszulassen als Ideale aufzugeben und um das zu trauern, was wir nie oder nun nicht mehr leben können. Das mag mitunter besonders langwierig sein und sehr schwer fallen.

Dieser »Trauer der Lebensbilanz« begegnen wir tagtäglich: Entscheidungen, die wir treffen, und Wege, die wir einschlagen, begrenzen immer auch andere Möglichkeiten, »scheiden« uns von denkbaren Alternativen. Doch wie oft verabschieden wir wirklich das Alte, ehe wir unser Augenmerk auf den Neubeginn richten?

Wir können über einen weit zurückliegenden Verlust trauern, aktuell einen Verlust erfahren und auch antizipatorisch trauern, also um ein bevorstehendes Ereignis. Ein Beispiel aus der Arbeit als Hospizhelferin veranschaulicht diese mehrfache Trauer:

Ein schwer kranker Mann auf der Palliativstation, dessen Lebensrückblick mit viel alter Trauer und Ungelebtem verbunden ist, hervorgerufen unter anderem dadurch, dass er Zeit seines Lebens Geschwister vermisst hatte oder durch Freundschaften, die ihr Ende durch häufige Ortswechsel fanden. Spät gelang es ihm, seine Berufswünsche gegen die Erwartungen der Eltern durchzusetzen und eine Familie zu gründen. Kriegsbedingt konnte er dann viele Jahre nicht bei seiner Familie verbringen, was seiner Ansicht nach Auslöser für die spätere Scheidung war. Belastet war auch der Kontakt zu seinem Sohn, ein aussöhnendes Gespräch gab es bis zuletzt nicht.

Zur alten Trauer kam aktuell der Verlust von Gesundheit und Selbstständigkeit hinzu, die eigene Pflege und Betreuung Fremden zu überlassen, empfand er als Ohnmacht.

Auch der Blick auf das bevorstehende Ende stand an: Was war noch wichtig zu regeln? Was würde er noch loslassen müssen? Doch bei aller Trauer und bei allem Schmerz gab es auch schöne und humorvolle Ereignisse wie Erinnerungen an seine Tanzstunde. Die kleinen »Spielräume«, die auch jetzt noch möglich waren, wie eine ganz bestimmte Musik zu hören, brachten ihm Freude.

Dies soll aufzeigen, dass Trauerarbeit keinesfalls einseitig oder ausschließlich den Blick auf die »Verlustbiografie« richtet, auf das Verlorene, das Scheitern, die Defizite. Gleichwertig stehen daneben die wertvollen Erinnerungen, all das, was uns im Lauf der gemeinsamen Zeit geprägt hat und Bestandteil unserer Persönlichkeit wurde. Ressourcen, Stärken, die Erfolge und Freuden über das, was gelungen ist, zählen dazu. In diesem Sinn arbeitet Verena Kast mit der persönlichen »Freudenbiografie«.

Erst die Zusammenschau von beidem ergibt die Besonderheit und Einmaligkeit des Verlorenen.

Der Tod, der letzte und endgültige Abschied von allem, ist sicherlich die »dramatischste Nötigung zur Trauer und viele finden in diesem Drama ihre Rolle nicht«, wie Norbert Copray schreibt. Unabweisbar verdeutlicht der letzte Abschied, was allen Trennungen innewohnt: die »Geliehenheit« und Zerbrechlichkeit unseres Lebens und unserer Beziehungen. Der Text auf Seite 30 von Ulrich Schaffer bringt dies zum Ausdruck.

Unser Leben ist eine Schule des Trauerns:
Wir trauern um **reale und konkrete Abschiede und Verluste** wie Gesundheit, Heimat, geliebte Menschen.
Wir kennen Trauer um **Ideale** und nicht mehr lebbare Lebenspläne.
Wir können vorwegnehmend trauern.
Aktuelle Trauer kann durch **alte, unaufgearbeitete Trauer** verstärkt werden.

Trauer in allem Sein – kollektive Trauererfahrungen

Auch wenn für Betroffene der aktuelle persönliche Verlust im Vordergrund steht, ist es für eine tiefer gehende Aufarbeitung nötig, die dahinter liegenden, über den persönlichen Bereich hinausgehenden Trauermotive zu kennen, die die aktuelle Trauer zusätzlich vertiefen. Dem Trauernden mag diese »Analyse« in der akuten Situation zunächst wenig hilfreich scheinen, für Begleiter ist diese Zusammenschau aber notwendig und kann bei Störungen im Trauerverlauf wertvolle Hinweise zur weiteren Trauerarbeit geben.

Wie wirken sich kollektive Trauererfahrungen aus?
Allen Menschen zu eigen ist die »Urtrauer« als Ausdruck unserer grundsätzlichen Vergänglichkeit und der Unausweichlichkeit des Todes. Sie ist verknüpft mit der Sehnsucht nach dem »verlorenen Ganzen«, der Suche nach Transzendenz und Rückbindung (religio).

Mit dem Begriff »Kulturtrauer« beziehen wir uns auf spezifische Trauererfahrungen, die Menschen aus einem bestimmten Kulturkreis erfahren, insbesondere wenn der Fortbestand ihrer Kultur gefährdet oder sie bereits zerstört ist. Als Beispiele können wir nicht nur Indianer oder Aborigines nehmen. Auch Auswanderung, Vertreibung, Flucht ebenso wie durch Wohlstandsgefälle bedingte Völkerwanderung bewirken zunächst Heimatverlust. Auch Ereignisse wie die Deutsche Wiedervereinigung oder das zusammenwachsende Europa sind mit tief greifenden Verlusten verbunden: politischer und gesellschaftlicher Systemverlust, Abschied von gewohnten Rechts-Strukturen und bisher gültigen Anschauungen, Aufgabe von vielfältigen Sicherheiten. Damit geben wir wichtige Aspekte unserer Identität auf, auch unserer Kultur. Integration in das Neue kann jedoch nur gelingen, wenn wir uns mit dem Verlorengegangenen beschäftigen, es ausreichend betrauern, wenn Raum und Zeit zur Verfügung stehen für die notwendigen Anpassungsprozesse und unser Blick nicht vorschnell auf das »neue Gemeinsame« ausgerichtet wird.

Menschen, die ein bestimmtes historisches Ereignis wie Weltkrieg oder Verfolgung erfahren haben, können sich durch eine gemeinsame »historische Trauererfahrung« verbunden fühlen. Das erschütternde Erlebnis der Terroranschläge vom 11. September 2001 kann ebenso unter diesem Aspekt gesehen werden: Es stürzte ein ganzes Volk in Trauer und löste – nicht nur wegen seiner medienwirksamen Verbreitung – nachhaltig Schrecken, Angst und globale Trauergefühle aus.

Auch die Racheakte ehemaliger Schüler und Arbeitskollegen in Erfurt und andernorts hatten allgemeine Betroffenheit, Schrecken und Traumatisierung zur Folge. Solidarische Trauergefühle wurden durch Lichterketten, Gottesdienste, landesweite Schweigeminuten an Schulen und Arbeitsstätten bekundet.

In diesem Zusammenhang sei darauf hingewiesen, dass Trauererfahrungen auch zeitlich verzögert zum Ausdruck kommen oder sogar an eine andere Person abgegeben werden können, sei es bewusst oder unbewusst.

Haben, als hätte man nicht

Wir haben etwas und halten es dann ganz fest.
Irgendwann haben wir es nicht mehr und beginnen zu
leiden. Es gibt nichts auf der Welt, das wir auf immer
haben. Weder das Glück mit unserem
Partner noch genug Geld, um uns alle Wünsche
erfüllen zu können, weder die ständige spürbare Nähe
Gottes noch die tiefe Zufriedenheit mit sich selbst,
weder Gesundheit noch Jugend. Wir mögen etwas für
eine gewisse Zeit haben, aber dann
verändert sich unser Leben. Diese Veränderung ist sehr
schmerzhaft – wir wechseln von einem
Zustand, an den wir uns schon ganz und gar
gewöhnt haben – in einen anderen Zustand, den wir
nicht mögen und den wir ablehnen. Aber dieser zweite
Zustand wird unweigerlich irgendwann
eintreten. Darum scheint es sinnvoll zu sein,
ihn schon »mitzudenken«, während wir im ersten
Zustand leben.

...

Es ist ein Zeichen von Reife, wenn man weiß, dass sich
alles, wirklich alles, irgendwann verändert.
Es ist gut, diese Veränderung schon im Kopf zu
haben, um von ihr nicht aus den Schuhen gehauen zu
werden. Die einzige Sicherheit, die wir haben ist, dass
sich alles verändert.

Ulrich Schaffer

Aus der systemischen Arbeit mit Familien lassen sich zahlreiche Beispiele für übertragene oder übernommene Trauergefühle anführen: ein nachfolgendes Mitglied des »Systems Familie« trauert beispielsweise um eine Person, die im System nicht ihren Platz einnehmen darf, ausgeklammert und totgeschwiegen wird oder nur heimlich ihre Rolle spielen kann. In unserer Arbeit werden wir immer wieder mit »delegierten« Trauergefühlen konfrontiert.

Umfassend wirken sich auch die »ökologischen Trauerreaktionen« aus, also Trauer um die vor allem durch westliche Lebensweisen bedrohten Existenzgrundlagen der Menschheit. Das Wissen um die Begrenztheit unserer Lebensressourcen, um Luft- und Wasserverschmutzung, die Belastung von Böden und Nahrung mit Schadstoffen, eine besorgniserregende Zunahme von allergischen Reaktionen, der GAU in Tschernobyl 1986 oder die BSE-Krise im Jahre 2001 – all dies wirkt bedrohlich und löst Angst oder Verärgerung aus. Doch nur, wenn wir uns persönlich davon berühren lassen und betrauern, dass kostbare Güter für uns und unsere Nachkommen verloren gehen, werden wir auch fähig zu eigenverantwortlichem Handeln, statt abzuwarten, bis »die Politiker« Lösungen finden.

Der Dirigent Lorin Maazel schreibt in einem Interview zum Auftakt eines Zyklus' von Symphonien Gustav Mahlers: *Das Lied von der Erde* ist ja auch ein Abschiedsgesang. Unsere Erde ist, ökologisch wie politisch, in besorgniserregendem Zustand. Dass die Menschheit zu dumm ist, das anzuerkennen, ist ihr größtes Problem. Das *Lied von der Erde* hat mit der Natur zu tun, aber auch mit unserer Einstellung zum Leben, auch zum Tod.« (*Süddeutsche Zeitung*, 18.2.2002)

»Nur wer nicht liebt, kommt ohne Tränen aus«

Richten wir nun unseren Blick wieder auf den persönlichen Bereich.

Trauer bezeichnet die natürliche, gesunde und schmerzhafte Reaktion unseres Organismus, mit Abschieden, Verlusten und

Trennungen umzugehen. Wir Menschen sind mit einer angeborenen Trauerfähigkeit ausgestattet, die ebenso wie die Fähigkeit, Freude zu empfinden, von Geburt an zu unserem Empfindungsrepertoire gehört und bis ans Lebensende erhalten bleibt. Verschüttete oder zwischenzeitlich verkümmerte Potenziale gilt es zu aktivieren.

Aus der Entwicklungspsychologie wissen wir, dass sich mütterliche Empfindungen und Schwingungen auf den Embryo übertragen, also pränatale ebenso wie perinatale Trauer als Grunderfahrung aufgenommen wird, ebenso wie das Wissen, unerwünscht zu sein.

Trauern kann nicht bedeuten, über unangenehme Gefühle schnell hinwegzukommen oder ein störendes, auffälliges Verhalten durch Therapie in den Griff zu bekommen. Wir trauern um das, was uns nahe, uns verbunden war, wir trauern um etwas Kostbares, das in unserem Leben Bedeutung hatte, wir trauern um eine Person, die wir verloren haben, um Pläne und Vorstellungen, die nicht mehr – vielleicht sogar nie mehr – sein werden!

Trauer ist der Weg einer bewussten Auseinandersetzung mit diesen Erfahrungen und erfordert innehalten und weitergehen, sich öffnen und schützen, zurück- und nach vorne, nach außen und ebenso nach innen blicken. Das Wort »trauern« (mittelhochdeutsch »truren«, gotisch »driusan«) bedeutet: den Kopf sinken lassen, Augen niederschlagen, aus dem Kontakt mit der äußeren Welt in den inneren Kontakt gehen, die Achtsamkeit nach innen richten.

Nur wer nicht liebt, kommt ohne Tränen aus!

Trauer ist die Kehrseite unserer Liebes- und Bindungsfähigkeit. Sie ist notwendig und Not-wendend für körperliche und seelische Gesundheit.

Wir bringen eine Beziehung, die außen war, nach innen – verinnerlichen sie!

Gibt es einen »richtigen« Weg der Trauer?
Trauernde erfahren sich mitunter auf neue Art und Weise, lernen Seiten von sich kennen, die sie in dieser Art bisher nicht kannten. Mitunter erschreckend erleben sie sich völlig neu, sie sind nicht mehr »die Alten« und werden es auch nie mehr sein, denn Trauerwege sind Wege der Wandlung.

»Es wird alles wieder gut, aber nie mehr wie vorher«, heißt zutreffend der Titel eines Begleitbuchs für Trauernde von Jochen Jülicher. Jeder Trauerweg ist durch persönliche Vorerfahrungen geprägt und birgt eigene Risiken. Bei der Beschreitung dieses Weges greifen wir auf unterschiedliche Ressourcen zurück. Der in diesem Zusammenhang häufig verwendete Begriff »Trauerbewältigung« enthält – wörtlich genommen – ein Missverständnis, denn er suggeriert, die Trauer sei irgendwann »vorbei« oder »geschafft«. Doch ist Trauer keine Arbeit, die – vergleichbar dem Aufräumen eines Kellers – in absehbarer Zeit getan ist. Zwar wird sich die Intensität und der Ausdruck der Trauer verändern, doch bleiben wir berührbar, alte Wunden können durch eine neuerliche Erschütterung wieder aufreißen.

Im Angloamerikanischen finden wir den Begriff der »grieve spasm«, »Trauer-Krämpfe« wörtlich übersetzt, die heftige Trauergefühle bezeichnen. Noch nach Jahren eines abgeschlossenen Trauerprozesses können sie unvermittelt auftreten. Noch einmal werden Schmerz, Angst, Zorn oder Traurigkeit vorübergehend in ihrer alten Intensität empfunden, doch handelt es sich hierbei nicht um einen Rück-Fall, vielmehr um einen Vor-Fall, der durch etwas Erinnerndes ausgelöst wurde, »überfallartig«, wie es eine Supervisandin ausdrückte.

Nur wer die Liebe meidet, kann dem Schmerz entgehen. Es kommt darauf an, aus ihm zu lernen und weiterhin durch Liebe verwundbar zu sein.

Ebenso individuell und einmalig, wie wir auch unsere engen Beziehungen gestalten, wie wir uns an materielle Dinge binden, an Aufgaben, Interessen und Ideen festhalten, so individuell und einmalig erfahren und gestalten wir auch den Abschieds-, Loslösungs- oder Trennungsprozess! Art, Dauer und Intensität der Beziehung spielen dabei eine Rolle; konnten wir das, was wichtig war, leben oder ist vieles »ungelebt« geblieben? Wie waren die Umstände des Abschieds?

Jeder Trauerprozess hat sein individuelles Gesicht, seinen eigenen Rhythmus, auch wenn sich darin bekannte Phasen wiederfinden und wir uns mit übergeordneten Traueraufgaben konfrontiert sehen. Colin Parkes, John Bowlby, Elisabeth Kübler-Ross haben versucht, »Modelle« für Trauer- und Sterbeprozesse zu entwickeln. Verena Kast weist darauf hin, dass wir diese Phasenmodelle keineswegs dahingehend missverstehen dürfen, dass ein »normaler« Trauerweg exakt nach einem Schema ablaufen wird. Trotz dieser Einschränkung bieten sie Orientierung und zeigen auf, welche Empfindungsbreite zu einem gesunden Trauerprozess gehören kann.

Traueraufgaben (Worden)

- Verlust als Schmerz akzeptieren
- Trauerschmerz erfahren und durchleben
- anpassen an eine Umwelt, in der das Verlorene fehlt
- dem Verlorenen emotional einen neuen Platz geben
- lernen, die Erinnerung mitzunehmen und weiterleben

Ruthmarijke Smeding verwendet in ihrem »Befähigungs-Ansatz« ausdrucksstarke Bilder aus der Mythologie und Metaphern. Ihr Modell »Trauer erschließen« beschreibt Gezeiten:Die erste Zeit nach dem Verlust, die »Janus-Zeit«, erleben Trauernde wie eine »Schleusen-Zeit«, als Übergang von dem bisher Gelebten in ein verändertes Leben. In der folgenden »Labyrinth-Zeit« suchen sie den »roten Faden«, erschließen ihre Trauer, um in der »Regenbogen-Zeit« ihr gesamtes Empfindungsspektrum wieder wahrnehmen und leben zu können.

Phasen verlaufen nicht in chronologischer Abfolge, sondern prozesshaft und von der Intensität und dem Ausdruck der Gefühle her sehr uneinheitlich.

Nach einer scheinbar stabilen Phase kann ein Gedenktag wie Geburtstag, Hochzeitstag oder schon das Hören der Lieblingsmusik des anderen uns wieder zutiefst berühren.

Eine Witwe, die zwei Jahre nach dem Tod des Mannes von ihrer Umgebung beunruhigt befragt wurde: »Was, du trauerst immer noch?«, antwortete bestimmt und eindeutig: »Ja, denn mein Mann ist immer noch tot!«

Trauer ist nicht nur schwarz

Unser Modell der Trauerspirale charakterisiert den Prozess: Mit bestimmten Themen, Emotionen und Aufgaben sind wir immer wieder konfrontiert, obwohl wir uns inzwischen weiterbewegt, verändert haben. Denn auch wenn wir uns am scheinbar selben Punkt zum wiederholten Male wiederfinden, befinden wir uns doch schon an einer anderen Stelle.

Ablehnung
Hadern
Verhandeln
Klagen
Selbstmitleid
Zorn
Neid
Schuldgefühle
Freude
Traurigkeit
Euphorie
Annahme
Versöhnung

Bedenkt:
den eignen Tod,
den stirbt man nur,
doch mit dem Tod der andern
muss man leben.

Mascha Kaléko

Trauer bringt sehr unterschiedliche und bisweilen widersprüchliche Emotionen hervor. Denn Trauer ist nicht nur schwarz, der tiefe Schmerz, das dunkle Loch, das uns zu verschlingen droht. Trauer hat viele Farben und Facetten: Angst vor dem Alleinsein; Enttäuschung, dass bestimmte Pläne nicht mehr verwirklicht werden können; Wut, sei es auf Menschen unserer Umgebung oder auf das Schicksal. Gefühle der Erleichterung stehen neben Schuldgefühlen; Versagensängste und Ohnmachtgefühle neben Aggressionen. Kostbare und schmerzliche Erinnerungen tauchen gleichzeitig auf und rufen Sehnsuchtsgefühle und Hoffnung auf ein Wiedersehen hervor. Beschämt stellen wir fest, dass auch Neidgefühle auftauchen, wenn etwa der Nachbarin vergönnt ist, noch immer mit ihrem Mann zusammenzuleben, wo doch deren Beziehung seit Jahren von Streitigkeiten geprägt ist.

Schuldgefühle belasten uns: Wäre alles anders gekommen, wenn wir anders gehandelt hätten? Haben wir genug getan? Verunsichernd wirken auch Schamgefühle, die vermehrt auftreten, wenn ein Angehöriger durch Suizid von uns scheidet. Resignation und Zweifel, ob wir den weiteren Weg schaffen, können sich breit machen. Die Motivation, den Blick auf das nächste Wochenende zu richten, fehlt. Lohnt es sich, längerfristig zu planen, Urlaub zu buchen, wenn doch alles anders kommen kann? Alles, worauf wir im Leben gebaut haben, scheint zerbrochen. Wir spüren nicht, wo wir Halt finden oder was uns Sicherheit schenken könnte. Unsere Lebenszuversicht, Wertvorstellungen, unser Glaube an Gott, an Gerechtigkeit kann von dieser existenziellen Erschütterung mitbetroffen sein. Unsere eigene Zukunft erscheint ohne Perspektive.

Bin ich jetzt verrückt?

Die Intensität, das Chaos dieser Gefühle kann erschrecken oder irritieren. »So kenne ich mich nicht, bin ich vielleicht verrückt?«, fragen sich Trauernde besorgt, oder das Umfeld signalisiert, doch wieder »zur Vernunft« zu kommen.

Vielleicht liegt eine lange Zeit der Sorge und der intensiven Pflege hinter den Angehörigen. Sie haben all ihre Kräfte investiert, gehofft und gebangt, gebetet und Versprechen abgelegt, um »das« zu verhindern. Nun scheint alles umsonst gewesen zu sein! Tiefe Erschöpfung macht sich breit, oft fehlt die Kraft, anstehende Dinge anzupacken. Wie schnell waren wir doch »vorher«! Nun geht uns nichts mehr von der Hand. Wer fragt, lobt, wartet auf uns?

»Neulich habe ich die Küche tapeziert. Der Schwung hat gefehlt, und sogar das ›Was? Bist du noch nicht weiter?‹ meiner Frau habe ich vermisst.« Der andere fehlt uns nicht nur als Gegenüber, mit ihm ist auch der Rhythmus, den dieser Mensch in unseren Alltag gebracht hat, verloren gegangen. Bedrohlich kann es sein, nun den ganzen Tag nur für sich zu haben Dieser Verlust an äußeren haltgebenden Strukturen verstärkt das innere Gefühl von Orientierungslosigkeit, lässt einen Stabilität und Kontinuität noch heftiger vermissen. Verluste bedeuten auch eine tiefe Kränkung unserer Liebe, unseres Selbstvertrauens, unseres Glaubens. Der Verlust hat eine tiefe Wunde gerissen, wir sind verletzt. Unberechenbar sind die Erfahrungen, die wir jetzt mit uns selbst machen oder auch die Umgebung mit uns. Angeschlagen wie wir sind, bedürfen und erwarten wir besondere Rücksichtnahme. Dass sich jemand nicht meldet, ein falsches Wort sagt oder »zu viel des Guten« tut – alles macht uns zu schaffen. Wir sind unter höchster Anspannung und sehr empfindsam. Gleichzeitig entwickeln wir neue Stärken und bewältigen anstehende Aufgaben.

Doch nicht nur unsere kreativen Potenziale können sich wieder entfalten und zu neuen Lösungen verhelfen. Wir entdecken auch an uns selbst neue Seiten und nicht alle sind uns oder unserer Umgebung willkommen! Nun ist das »Schlimmste« passiert und wir wollen nicht mehr so viel Rücksicht auf andere nehmen. Das führt zu Abwehr und Ablehnung von Hilfsangeboten oder Ratschlägen, wir geben Beziehungen und Kontakte auf, die wir nun in einem anderen Licht sehen. Wir fällen Entscheidungen oder verhalten uns in den Augen der anderen so, dass wir bisweilen abweisend und radikal, ja unversöhnlich erscheinen. Diese »Eckigkeit«, wie es eine Trauernde so ungewohnt und befremdend an sich selbst feststellte, erschwerte den Umgang mit anderen und belastete auch deren Umgang mit ihr.

Eindrücklich schildert Marie-Luise Kaschnitz diese innere Anspannung:

Was ich bei meinen Reisen vor allem fürchtete,
war gerade das, was die anderen für mich erhofften,
dass ich nämlich zurück käme als ein anderer,
ein neuer Mensch. Ich wollte aber ein neuer Mensch
nicht sein, jedenfalls keiner, der es fertig bringt, allein,
das heißt, ohne dich zu leben. Überhaupt keiner,
der etwas fertig bringt im Sinne gewisser Fertigkeiten,
die nur auf dem Boden der Gefühlsarmut gedeihen.

Dieses Hin-und-her-gerissen-Sein erfordert vom Betroffenen wie vom Umfeld und den Begleitenden nicht nur viel Geduld und Verständnis, sondern (allseits) auch Klarheit im Wahrnehmen und Aufzeigen der eigenen Grenzen an Belastbarkeit.

Hier zeigt sich offensichtlich, dass nicht nur ein »Einzelner« als Person vom Verlust betroffen ist, sondern ein soziales Gefüge, Familie, Freundeskreis, Arbeitskollegen. Im Kapitel »Keiner trauert für sich allein« beleuchten wir ausführlich dieses Spannungsfeld.

Arm an Lebens- und Trauerkultur

Auch heute noch ist unsere Unsicherheit im Umgang mit Trauer groß und liegt nicht nur in individueller Hilflosigkeit begründet, sondern hat ihre Wurzeln auch in gesellschaftlichen Defiziten an Lebenskultur, und dies beinhaltet auch Trauerkultur! In unserer schnelllebigen Zeit sind wir zu einseitig auf Fortschritt, Jugendlichkeit und permanentes Wachstum programmiert. Alter, das Nachlassen von Kraft oder Flexibilität wird als Mangel angesehen, der möglichst zu kompensieren ist!
»Jeder will alt werden, aber keiner will alt sein!«, sagt der Volksmund treffend.

Dem »Nicht-alt-sein-Wollen« der älteren Generation steht ein gegenläufiger Trend gegenüber: Kinder und Jugendliche spüren großen Druck, nichts zu verpassen. Sie entwachsen allzu schnell den Schonräumen dieser Lebensspanne und gleiten verfrüht in die Anforderungen des Erwachsenenlebens hinüber. Die Übergänge sind fließend, das Ende wird nicht bewusst gefeiert wie zum Beispiel in traditionsreichen Kulturen, in denen sich Jugendliche in einem Initiationsritus einer Bewährungsprobe stellen müssen und nach Bestehen in die Erwachsenenwelt aufgenommen werden. In unserer Gesellschaft werden Kinder und Jugendliche früh mit Erwachsenenproblemen konfrontiert, Generationengrenzen verschieben sich zusehends, werden unscharf und damit unsicher.

Das Fehlen solch anerkannter Markierungen im Übergang trägt nach Meinung von Sozialwissenschaftlern dazu bei, dass Jugendliche bisweilen riskante und lebensgefährliche Mutproben suchen, wie beispielsweise das S-Bahn-Surfen oder »Sprayer-Aktionen« an besonders gefährlichen Stellen, um sich »zu beweisen« und Anerkennung in der Gemeinschaft zu verschaffen!

Die zunehmende wirtschaftliche Globalisierung potenziert zwar unsere Wahlmöglichkeiten: Erdbeeren können wir auch im Winter essen, Badeferien an Weihnachten erleben.

Requiem für eine Freundin

Ob man nicht dennoch hätte
Klagefrauen auftreiben müssen?
Weiber, welche weinen für Geld,
und die man so bezahlen kann,
dass sie die Nacht durch heulen,
wenn es still wird. Gebräuche her!
Wir haben nicht genug Gebräuche.
Alles geht und wird verredet.
So musst du kommen, tot,
und hier mit mir Klagen nachholen.
Hörst du, dass ich klage?

Rainer Maria Rilke

Durch dieses Aufheben von Grenzen geht aber auch eine orientierende und Sinn stiftende Bindung an vertraute Bezugsrahmen verloren. Eine Einbettung in jahreszeitliche Rhythmen oder kulturelle Brauchtümer, Arbeits- und Lebensgewohnheiten, Essen, auch Kleidung werden zunehmend vereinheitlicht. Diese Konformität fördert Austauschbarkeit und Beliebigkeit, sie ist somit ein Gegenpol zu Sinnhaftigkeit und birgt das Risiko der Vereinzelung!

Nicht nur die Tourismusbranche verspricht uns den »Platz an der Sonne«, der Slogan »Leben Sie. Wir kümmern uns um den Rest!«, suggeriert, dass wir das Recht auf Vergnügen haben, Besseres verdienen als graue Tage und Sorgen!

Wenn dennoch eine graue Wolke aufzieht, sollten wir durch »Positives Denken« in der Lage sein, den Alltag aufzuhellen. Das ist zwar wohl gemeint und bisweilen auch hilfreich, kann aber auch Zweifel mit sich bringen. »Es ist so einfach – nur ich schaffe es nicht!« wird als persönliches Scheitern erlebt.

Da solidarische Bekundungen fehlen besteht die Gefahr, sich zurückzuziehen, Gefühle zu verstecken und in Isolation zu geraten!

Der Trauernde fühlt sich ausgegrenzt, unter einem hohen Druck, schnell wieder funktionieren zu müssen. Das durchgängige Ideal des Menschen, das in den Medien und in der Werbung vermittelt wird, erfordert, immer »Gut drauf« zu sein, »Fit for fun«. In diese Bilder und Erwartungen passt sich der Trauernde nicht ein! Er wird bedrängt und auch bevormundet und ihm werden Empfindungen nahegebracht, die er oft kränkend, vielleicht auch als Unverschämtheit erlebt wie: »Du kannst froh sein, dass er so einen schnellen Tod hatte.«

Ebenso schmerzt es zu hören, dass man dankbar sein dürfe für die fast 50 gemeinsamen Jahre. Ohne undankbar sein zu wollen: Weiß der Gesprächspartner überhaupt, wie unendlich nah man in so langer Zeit zusammengewachsen ist? Man kann sich überhaupt nicht vorstellen, wie es ohne den anderen weitergehen soll!

Auch die Bemerkung: »Ihr wart ja noch nicht so lange zusammen, da ist es leichter, sich zu trennen!«, ist keineswegs zutref-

Meine beiden Gesichter

Geht es dir gut,
werde ich gefragt
im Vorübergehn.
Doch, gut, sage ich
und zeige
das passende Gesicht:
Mein gutgehendes Gesicht.
Mein anderes Gesicht
verberge ich liebevoll
unter meiner Kleidung.
Zuhause ziehe ich
mich aus.
Dann darf es
seine Trauer tragen

Renate Salzbrenner

fend. Denn gerade das Ungelebte, die Zeit und Erfahrungen, die man nicht hatte, die offenen Lebenspläne rufen Trauer hervor.

In Umbruchzeiten fühlen wir uns schnell unverstanden und verunsichert. Wir können kaum einschätzen, was »stimmt« und was richtig ist. Sollen wir die Kleidung möglichst schnell hergeben, Bilder abnehmen, vielleicht sogar in eine andere

Wohnung ziehen? Wird unser Schmerz erträglicher, wenn uns nicht mehr so vieles an den anderen erinnert?

All dies will sorgsam überlegt sein, die inneren Vermächtnisse und Versprechen wollen bedacht, die äußeren Hinterlassenschaften gesichtet sein: Welche Zusagen kann ich einhalten und welche Aufgaben weiterführen? Welche materiellen Dinge – Kleidung, Bücher, Gesammeltes – kann ich weggeben? Was will ich selbst als Erinnerungsstück behalten?

Einfache Rituale, wie sich in den Lieblingssessel des anderen zu setzen oder seinen Morgenmantel zu tragen, können zugleich schmerzliche Erinnerungen wachrufen und auch ein Stück Geborgenheit vermitteln. Die eigene Wohnung ist immer auch vertrauter Ort, unser Nest, selbst wenn alles dort an den anderen erinnert. Wie schwer fällt es, abends in die dunkle und leere Wohnung zurückzukommen. Keiner da! Da ist es manchmal durchaus hilfreich, das Licht schon vor dem Weggehen einzuschalten.

Es bedarf immer eines Übergangs mit Zurückschauen, Abschiednehmen, sich lösen vom Alten, innezuhalten, ganz im Hier und Jetzt zu sein, und ebenso den Blick auf das »neue Ufer« zu werfen, um sich neu einzulassen. Wir müssen in diesem Hin- und Hergehen zwischen gestern und morgen auch das »Loch« spüren, das Vakuum, den horror vacui aushalten!

Erst wenn wir bewusst Abschied genommen haben – und das Wort »Abschied nehmen« drückt sowohl aus, dass es sich dabei um etwas Aktives handelt, als auch, dass wir auch etwas bekommen – können wir neue Ansätze und Lösungen umsetzen. Dietrich Bonhoeffer begründet mit seinen Gedanken auf Seite 48 warum ein bisschen Leere immer bleiben wird.

Loslassen statt Loswerden

Wie können wir Verluste »durchschmerzen«, ohne uns ausschließlich auf den Schmerz zu fixieren? Meist sind wir schlecht gerüstet, da wir von Kindesbeinen an mit dem Dilemma der Trauervermeidung konfrontiert werden. Durch Vertröstungs-,

Ablenkungs- und auch Unterdrückungsstrategien wie »Reiß dich zusammen« oder »Geh auf dein Zimmer bis du wieder normal bist« erfahren wir früh, dass die »guten« Gefühle, wie Fröhlichkeit oder Lachen, in unserer Umgebung willkommen sind, wir die »schlechten« oder störenden Gefühle, wie Enttäuschung, Wut, Protest, am besten loswerden oder alleine damit zurechtkommen sollten.

Sich trennen und loslassen ist vom ersten Lebenstag an für alle Menschen mit Angst und Risiko verbunden. Für ein Kleinkind ist es durchaus bedrohlich, wenn die Mutter nur kurz aus dem Sichtfeld entschwindet. Wird sie wiederkommen? Das kleine Kind protestiert lautstark und drückt mit seinen Tränen Enttäuschung, Schmerz des Alleinseins und Angst vor Liebesverlust aus.

Bedrohlich wird in der späteren Kindheit und auch Jugendzeit der Ausschluss aus und die Trennung von Gruppen erlebt. Nicht dabei sein, nicht mitmachen zu dürfen wird mit Liebesentzug, vielleicht mit Strafe oder sogar dem Verlust des Selbstwertes verknüpft. Bin ich nicht schnell genug, stark oder geschickt genug? Später kommen Intelligenz, Leistung, Attraktivität hinzu. Wenn ich für die anderen »richtig« wäre, würden sie mich einbeziehen, mich nicht im Stich lassen. Nur wenn unsere Umgebung verlässlich war und wir dadurch »Urvertrauen« entwickeln konnten, finden wir später auch die nötige Sicherheit, um uns Abschieden stellen zu können.

Sich trennen und loslassen ist von Kindheit an mit Angst und Risiko verbunden.

Mangelndes Urvertrauen und frühere Abwehrhaltungen der Umgebung erschweren den späteren Umgang damit.

Es gibt nichts, was uns die Abwesenheit eines lieben Menschen ersetzen kann, und man soll das auch gar nicht versuchen; man muss es einfach aushalten und durchhalten; das klingt zunächst sehr hart, aber es ist doch zugleich ein großer Trost; denn indem die Lücke wirklich unausgefüllt bleibt, bleibt man durch sie miteinander verbunden. Es ist verkehrt, wenn man sagt, Gott füllt die Lücke aus; er füllt sie gar nicht aus, sondern er hält sie vielmehr gerade unausgefüllt und hilft uns dadurch, unsere echte Gemeinschaft miteinander – wenn auch unter Schmerzen – zu bewahren.

Dietrich Bonhoeffer

Das Kapitel »Und der Bart von Opa, ist der auch tot? – Wenn Kinder trauern« geht ausführlicher auf kindliche Verlusterfahrungen ein.

Im Labyrinth der Trauerwege liegt nun die erste Wegstrecke hinter uns: Wir sind an Wendestellen gekommen und haben Schritte zurück in die Kindheit getan. Dabei sind wir auf Mauern aus Abwehr, Verdrängung und Vertröstungen gestoßen. Vielleicht kommt es uns so vor, als wären wir hier gefangen. Werden wir je »unbeschadet« herauskommen?

Eine Lösung oder »Schadensbegrenzung« kann nicht darin bestehen abzuwarten, bis die Zeit die Wunden heilt! Auch das Zähne-Zusammenbeißen, Masken-Tragen und Abspalten innerer Gefühle setzt uns einer hohen physischen und seelischen Gefährdung aus.

Denn: Nicht »Trauern«, sondern »Nichttrauern« kann uns langfristig krank machen.

Dann geraten wir in Gefahr zu versteinern, nichts mehr zu fühlen, wir blockieren somit nicht nur den Schmerz, sondern auch Gefühle der Freude, der Lebenssehnsucht. Wie ein Panzer, der nicht nur schützt, sondern zunehmend schwerer und enger wird, gefühllos macht. Wir fühlen uns wie tot, unsere Sinne stumpfen ab. Wir nehmen nicht mehr wahr, was in uns und um uns geschieht und riskieren sogar, den Bezug zur Realität zu verlieren!

So bewirkt permanentes »Stark-Sein« leicht, dass wir im Trauerprozess verharren.

❏ *Schon eine kleine Körperübung kann dies verdeutlichen:*
Wir ballen unsere Hände zu Fäusten und spannen immer fester an. Wir steigern die Intensität noch mehr und dabei setzen wir auch noch ein freundliches »gutgehendes« Gesicht auf. Wir versuchen, die Anspannung für längere Zeit zu halten! Was nehmen wir von unserer Umgebung noch wahr? Empfin-

den wir Geräusche und Gerüche noch? Können wir den Boden unter unseren Füßen noch spüren? Vermutlich hat uns die Starre völlig im Griff. Selbst wenn wir jetzt plötzlich loslassen, hält das Nicht-Fühlen noch eine Zeit lang an, bis wir wieder ein Gefühl in unseren Händen und in unserem Körper wahrnehmen.

Über das »Stark-Sein«

Viele Menschen sind überzeugt davon
Dass Stark- und Tapfer-Sein bedeutet
An »etwas anderes« zu denken
Nicht über Trauer zu sprechen.
Aber wir wissen
Dass wirklich Stark- und Tapfer-Sein bedeutet
An das Geschehene zu denken
über das Gewesene zu sprechen
bis unsere Trauer beginnt
erträglich zu werden.
Das ist wirkliche Stärke
Das ist wirklicher Mut
Und nur so wird
Stark- und Tapfer-Sein
Uns zur Heilung tragen.

Sascha Wagner

Doch nicht nur das Abspalten unserer Trauergefühle, sondern auch das Verhaftet-Sein im Schmerz kann zu Resignation, Depression oder Melancholie führen.

Anstelle der geliebten Person, die wir nicht halten konnten, halten wir den Schmerz um sie fest. Verbittert können wir keinen eigenen Lebenssinn mehr entdecken, wünschen uns vielleicht sogar, bald hinterher zu sterben, haben Suizidgedanken. So quälte sich eine Hinterbliebene mit der Frage: »Wann holst du mich?« Der Partner hatte vor seinem Tod »versprochen«: »Wir gehören zusammen, ich hole dich bald!« Sie hielt es für ihre einzige Aufgabe abzuwarten. Erst in der Auseinandersetzung mit dem Verlust und der Frage, wo ihr geliebter K. jetzt wohl sei, konnte sie allmählich den Gedanken zulassen, dass er in einer anderen Welt mit eigenen Zeitmaßstäben weilte. Dass sein »bald« ihr durchaus noch einige Jahre Zeit »hier« zugestand. So konnte sie neue Perspektiven zulassen.

Es gibt noch eine weitere Ursache für erschwerte Trauerverläufe, wenn mehrere Verluste in kurzen Zeitabständen erfolgten oder die Konzentration aufs bloße Überleben in einer früheren Situation Trauergefühle nicht zuließ. Wir neigen dazu, Trauergefühle zu kompensieren, eventuell durch das Abdriften in ein Suchtverhalten, sei es Alkohol-, Drogen- oder Medikamentenmissbrauch, sei es als »Workaholic«, der seine Gefühle mit Arbeit betäubt.

Innere Spannungen agieren wir auch im sozialen Umfeld aus, mit erhöhtem Streitverhalten, erhöhter Konfliktanfälligkeit. Wir projizieren unsere Enttäuschung auf den Partner oder die Umgebung. So führt der Tod eines Kindes in zwei Dritteln der Fälle zur späteren Trennung, da die gemeinsame Verlusterfahrung so unterschiedlich, ja trennend erlebt wird. Auf dieses Spannungsfeld geschlechtsspezifisch erlebter Trauer gehen wir in Kapitel »Männer trauern anders – Frauen auch?« ein.

Trauer löst Chaos aus – in uns und um uns

Das Vermeiden von Trauer, aber auch das Fixieren auf den Schmerz, kann krank machen. Wir spalten dadurch auch Lebensfreude ab.

Wie Trauer unsere Identität verändert

Trauer wirkt sich sehr umfassend und komplex aus: Nichts bleibt wie es vorher war. Alle Dimensionen unseres Menschseins – leiblich, seelisch und geistig – sind von tief gehenden Veränderungen betroffen.

- *Körperlicher Bereich*: heftiger Tränenfluss oder ausgetrocknete Tränen (»ich kann nicht weinen«). Wir werden krank, es verschlägt uns die Stimme, den Atem, wir leiden unter Appetitlosigkeit, Schlaflosigkeit, sind permanent müde. Auch im sexuellen Bereich spüren wir einschneidende Veränderungen, Bedürfnisse verändern sich oder können nicht wie bisher gelebt werden, die Sehnsucht nach liebevoller Zärtlichkeit bleibt erhalten, doch das Gegenüber fehlt oder hat vielleicht »andere« Wünsche.

- *Soziales Umfeld*: Veränderungen können in zwei entgegengesetzte Richtungen gehen – wir sind am liebsten allein oder erleben Alleinsein als bedrohlich. Wir werden kontaktarm oder fühlen uns nur in Gesellschaft wohl. Wir meiden allerdings Gesellschaften, die uns an den erlittenen Verlust erinnern, seien es Paare oder »komplette« Familien – wir suchen Menschen mit verwandtem Schicksal.

- *Arbeit und Leistung*: von unmotiviert oder unkonzentriert bis arbeitsunfähig. Es fällt schwer, beim Lesen den Inhalt zu verstehen, auch Zuhören fällt schwer; wir funktionieren vielleicht noch recht gut, stürzen uns in Arbeit (beruflich, aber auch regelrechte Putzzwänge). Körperliche Arbeit wie Gartenarbeit, Sichten des Nachlasses hilft, Spannung abzubauen und wird häufig wohltuend erlebt.

● *Materielle Ebene*: Sicherheiten fallen weg, Sorgen oder Geldnöte belasten uns. Unerwartet schnell kommen Ansprüche auf uns zu, Kinder fordern einen Erbteil, Besitzstand will überblickt und geregelt werden. Es stellt sich die Frage, was wir weiterführen wollen und können.

● *Werte und Sinn, Glauben*: Wir hinterfragen nicht nur die Bedeutung materieller Dinge, wir überprüfen auch Werte und Lebensziele. Fragen und Entscheidungen stehen an:
 – Wo stehe ich jetzt, was benötige ich für mein Leben?
 – Was will ich behalten, weiterführen oder abgeben?
 – Welche Lebensaufgabe wartet (noch) auf mich?

Dies bringt häufig Konflikte mit sich, besonders wenn wir uns an Versprechen gebunden fühlen und es uns wie ein Verrat vorkommt, sie nicht einzuhalten.

Religiöse Bindungen werden häufig als stützend erfahren, sorgen aber auch für Verstrickung: Wie konnte Gott das zulassen?

Trauer stellt unseren Selbst- und Weltbezug radikal in Frage, er muss neu erarbeitet werden. Bisherige Lebensentwürfe waren in Anlehnung oder auch Abgrenzung zum eigenen Elternhaus gestaltet oder mit einem Partner gemeinsam konzipiert worden.

Nun stehen wir vielleicht zum ersten Mal in dieser Dringlichkeit vor der Grundfrage: Was will *ich*, wohin geht *mein* Weg?

Nicht nur der »letzte Abschied« stellt diese Fragen. Auch nach der Trennung von einem Partner müssen wir erkennen, wie sehr bisher gültige Vorstellungen nur übernommen, nicht unsere eigenen waren. Für Mütter steht nach der Familienphase die Orientierung auf neue Aufgaben an! Ebenso stellt der Ruhestand uns vor ungewohnte Herausforderungen. Nicht nur ein größerer Freiraum an Zeit will gestaltet sein, wir sorgen uns, schon zum »alten Eisen« zu gehören, leiden vielleicht unter einem Verlust an Selbstwert. Insbesondere nicht berufstätige Frauen sind manchmal irritiert und fühlen sich eingeengt, wenn der Partner ganztags anwesend ist. Sich schon im Vorfeld auf diese Lebensphase einzustimmen, ist also weitsichtig. Angebote wie »Vorbereitung auf den Ruhestand« unterstützen dabei. Vielleicht steht aber statt neu zu gestaltender Freiräume die Versorgung und Pflege älter werdender Eltern an. Die alten Rollen sind geradezu umgekehrt: Wir werden zu Betreuern und Versorgern! So forderte der Wiener Pastoraltheologe Paul M. Zulehner eine Arbeitsplatzgarantie für pflegende Angehörige. »So wie die Eltern die Kinder zur Welt bringen, müssen künftig die Kinder die Eltern aus der Welt begleiten können. Jeder Mensch solle in Würde und in mehr Freiheit als bisher seinen Tod ›ausreifen‹ können!«

Nicht nur solche Strukturveränderungen stehen an, sondern auch ein Wandel der inneren Einstellung jedes Einzelnen ist erforderlich, damit »Endlichkeit« ins Leben integriert werden kann. In allen Übergangssituationen unseres Lebens müssen wir uns auf Trauerarbeit einlassen. Hier ist der Begriff Trauer»arbeit« berechtigt, weist er doch darauf hin, dass schwere Arbeit und intensiver Einsatz gefordert ist.

Erfahrungen weisen darauf hin, dass etwa 40 Prozent der Trauernden eine intensivere Hilfe und Begleitung brauchen, die sie auch im Umfeld finden; etwa 10 Prozent benötigen Fachleute.

Trauer kann sich auf alle Dimensionen unseres Menschseins auswirken:

Körperlicher Bereich: Schlaf-, Atemprobleme, Essstörungen.
Sozialer Bereich: Rückzug in die Einsamkeit oder zwanghaftes Sich-Gruppen-Anschließen.
Arbeit, Leistung: Konzentrationsstörungen bis hin zu Arbeitsunfähigkeit.
Materieller Bereich: Von fehlenden Sicherheiten bis hin zu Existenznöten.
Spiritueller Bereich: Neu gestellte Sinnfragen.

Natürliche und erschwerte Trauerreaktionen

Hoffnung
ist eben nicht Optimismus,
es ist nicht Überzeugung, dass es gut ausgeht,
sondern die Gewissheit, dass etwas Sinn hat–
gleich wie es ausgeht.

Vaclav Havel

Trauerreaktionen wirken sich mehrdimensional aus, verlaufen unterschiedlich heftig, mit ganz individueller Ausprägung. Im normalen Alltag hat jeder von uns Filter, die uns schützen. Doch in Belastungssituationen sind diese Filter nur reduziert wirksam.

Wie zeigt sich gesunde/normale Trauer?

● *Gefühle:*
Traurigkeit, Zorn, Triumph, Schuldzuweisungen und Selbstbeschuldigung;
Angst, Verlassenheit, Einsamkeit, Hilflosigkeit, Schock, Sehnsucht, Befreiung, Betäubung, Abgestumpftheit, Neid, Euphorie, Selbstmitleid.

● *Körperliche Empfindungen:*
Leeregefühl im Magen, Brustbeklemmung, Zugeschnürtsein der Kehle, Überempfindlichkeit gegen Lärm, Gefühle der Depersonalisation, wie »Ich gehe die Straße entlang und alles kommt mir unwirklich vor, auch meine eigene Person.«,
Atemlosigkeit, Kurzatmigkeit, Muskelschwäche, Verspannungen, Energiemangel, verändertes Essverhalten, Schlafstörungen.

● *Gedanken und Sinneseindrücke:*
Unglauben, Nicht-wahrhaben-Wollen, intensive Beschäftigung mit dem Verstorbenen, Verlorenen, irrationale Gedanken, Gefühl der Anwesenheit des Verstorbenen, auch Halluzi-

nationen »Ich sehe ihn am Café vorbeigehen und bin mir ganz sicher oder ich höre ganz klar seine Stimme.«

● *Verhaltensweisen:*
Geistesabwesendes Verhalten, sozialer Rückzug, Träumen vom Verstorbenen, Suchen und Rufen, Rastlosigkeit, Überaktivität, Aufsuchen oder Meiden erinnerungsstarker Orte und Gegenstände.

● *Spiritualität:*
Sinnfragen, zunehmendes religiöses Bedürfnis, aber auch Zweifel an bisherigen Glaubensmustern.

Im Folgenden ein Überblick, der insbesondere für Begleitende hilfreich sein kann (Zusammenstellung nach Specht-Tomann, *Zeit des Abschieds*):

Phase	Typische Gefühle	Typische Äußerungen	Körperliche und seelische Reaktionen	Begleiter
Nicht-wahr-haben-Wollen	Leere, Hohlheit, Empfindungslosigkeit, Betäubung, Chaos, Starre	Das ist nicht möglich! Es ist nicht wahr! Ich glaube es nicht!	Schock, Herzrasen, Unruhe, Sprachlosigkeit, Verwirrung, auch Funktionieren	Alltägliche Besorgungen, Trauernde nicht alleine lassen, Da sein, Starre aushalten, Wärme/Mitgefühl zeigen
Aufbrechende Emotionen	Wut, Ohnmacht, Zorn, Traurigkeit, Freude, Angst, Schuldgefühle	Wie konnte er mir das antun? Warum hat sie mich zurückgelassen? Die Ärzte sind schuld! Wäre ich nur nicht weggefahren!	Reizbarkeit, Depression, Desinteresse, Panikattacken, Atemnot, Schlaf- und Essstörungen. Anklagen und idealisieren	Zuhören, Gefühlsausbrüche und depressive Phasen zulassen, nicht wegtrösten, am Erinnern teilnehmen, eigene Geschichten zurückhalten

Phase	Typische Gefühle	Typische Äußerungen	Körperliche und seelische Reaktionen	Begleiter
Suchen und sich trennen Desorganisation	Einsamkeit, Verzweiflung, Hilflosigkeit	Ich habe sie gesehen. Nachts war sie da. Ich suche sie überall. Ich träume oft von ihr. Wie lange muss ich noch leben?	Depressive Zustände, auch suizidale Gedanken, Realitätsverlust, lautes Reden oder innere Zwiegespräche mit dem Verstorbenen, überaktiv/apathisch	Viel Geduld, nicht zensieren, alles aussprechen lassen, auch Phantasien, Ängste etc., nicht drängen, zuhören
Neuer Selbst- und Weltbezug	Freude, Selbstachtung, Sinn, Befreiung, Dankbarkeit, Ruhe	Ich kann Neues wagen. Ich bin stolz, was ich geschafft habe. Mein Leben hat wieder Sinn! Er ist mein innerer Begleiter.	Normalisierung der Körperreaktionen, Normalisierung im Alltagsrhythmus, anfällig für Rückfälle, labile Phasen, Überreaktion bei neueren Verlusten	Trauerbegleitung behutsam beenden oder umgestalten, Neues akzeptieren, neue Netze unterstützen, sensibel bleiben für Rückfälle, eigene Bedürftigkeit des Helfers überprüfen

Erschwerte Trauerreaktionen

Der bisherige Überblick zeigt: Trauer heißt mehr als traurig sein! Doch wo verläuft die Grenze zum Ungesunden, wann liegen komplizierte oder erschwerte Trauerreaktionen vor?

Autoaggression kann ein solcher Hinweis sein. Früher hat man laut geklagt, sich die Haare gerauft, sich verletzt. Auch heute gibt es noch das bewusste »In Sack und Asche«-Gehen, um dem tiefen Schmerz Ausdruck zu verleihen. Eine oft unbewusste, unterschwellige Aggression besteht auch in der Tendenz, »hinterher sterben« zu wollen, eine schwere Krankheit zu erleiden. Auch in deutlich erhöhter Unfallhäufigkeit: Wir sind nicht nur schlecht konzentriert, wir wollen auch nicht gut auf uns aufpassen. Die Suizidgefährdung ist ebenfalls erhöht. Auch regressive Erfahrungen gehören dazu – wir fallen in kindliche Verhaltensmuster und Spiele zurück. Wir hoffen, das Ganze doch steuern und zu einem guten Ende bringen zu können. Unser magisches Denken der Kindertage meldet sich: » Es war wie in meiner Schulzeit. Da sprang ich in die aufgezeichneten Felder am Boden und redete mir ein, wenn ich das schaffe ohne eine markierte Grenze zu berühren, dann schaffe ich die Matheschulaufgabe auch. Nun, in der Krise fielen mir ähnliche Spiele ein, wie Hoffnungsboten, an die ich mich kurzzeitig klammerte!«, erinnert sich eine Frau.

Auch Halluzinationen fallen darunter, sie sind Teil der Verbundenheit. Unsere Sinne sind noch mit dem Gewesenen, mit der Person verbunden, die Seele hängt noch nach. Wir hören, riechen den anderen, sind sicher, seine Stimme gehört zu haben. Das Reale und das Verrückte (denn nichts ist mehr, wie es vorher war, es ist also ver-rückt!) stehen dicht nebeneinander. Besonders, wenn Trauernde in den Rückzug gehen, die Verbindung zum »Leben draußen« abreißt, kann dies aber zu anhaltender Depression und Isolation führen.

Verluste können spirituelle Krisen auslösen; die Frage nach dem »Warum« tritt in den Vordergrund. Häufig steht die quälende Frage im Raum, warum ein »guter Gott« das zulässt? In diesem Zusammenhang sei auf das Kapitel »Trost – die Suche nach dem, was trägt« verwiesen.

Hier möchten wir auch eine Warnung anbringen: Die tiefe Bedürftigkeit nach Halt und Orientierung lässt uns bisweilen unkritisch nach jedem Strohhalm greifen. Dies wird auch von unseriösen »Heilsversprechern« ausgenutzt, die anstelle versprochener Wunder bisweilen eine noch größere Leere oder Unsicherheit hinterlassen.

Wann sind therapeutische Interventionen angezeigt?

Auch die Grenzen der Trauerbegleitung sind zu beachten: Begleitende und Betroffene müssen verantwortungsvoll einschätzen und anerkennen, wo der Bereich natürlicher Trauerreaktionen überschritten wird und es einer tiefer gehenden therapeutischen Unterstützung bedarf. Die Grenzen sind nicht immer eindeutig, da im Rahmen der ersten Krisenintervention – zum Beispiel unmittelbar nach einem Unfall oder Schockerlebnis – wir durchaus auch mit komplizierten Reaktionen konfrontiert sind. Wesentlich ist dabei, dass diese nicht ausschließlich oder über einen längeren Zeitraum vorherrschen. Dabei ist nicht nur eine bestimmte Verhaltensweise zu beachten, sondern der umfassendere Kontext muss mit in die Beobachtung einbezogen werden.

Es kann also durchaus »normal« sein, wenn eine Frau lange Zeit immer sonntags an den See »pilgert«, in dem ihr Sohn ertrunken ist. Dies kann Teil einer gesunden Trauerbewältigung sein. Es heißt hier, differenziert wahrzunehmen: Wie bewältigt sie ihren Alltag, kann sie sich den anstehenden Aufgaben in Beruf und Familie wieder widmen? Oder ist dieser »Sonntags-Ausflug« das Einzige, wofür sie noch »lebt«?

Nachfolgend benennen wir einige Grenzfälle, die unserer Einschätzung nach in die Hände von professionellen Helfern gehören. Da sich die dahinter liegende Trauer aber bisweilen erst im Verlauf des Prozesses herauskristallisiert, ist es hilfreich, diese Komplexität zu kennen. Es spricht sehr wohl für Kompetenz, sich als Trauernder angemessene Hilfe zu holen oder als Begleiter rechtzeitig weiter zu verweisen!

Mit erschwerten Trauerreaktionen müssen wir rechnen, wenn die Umstände des Verlustes besonders tragisch oder unerwartet sind: bei einem Unfall, Gewalttat, Verbrechen oder bei Suizid. Erschwerend wirkt sich auch aus, wenn mehrere Verluste in kurzen Abständen auftreten oder ein früherer Verlust nicht aufgearbeitet wurde.

Worüber wir nicht gerne sprechen – und dennoch tief trauern

Tabuisierungen und Ausgrenzungen erschweren ebenfalls den natürlichen Trauerverlauf. Dies ist häufig der Fall, wenn ein Verlust innerhalb der Familie oder auch außerhalb nicht benannt werden darf oder viel Energie investiert wird, um die Wahrheit zu verschleiern. Dies kann ebenso im Umfeld von Scheidung oder beim Verlust des Arbeitsplatzes auftreten, bei ungewollter Kinderlosigkeit, Verlust von Gesundheit, bei Amputation eines Körperteils, bei Verlust von Fähigkeiten. Auch bei Unterdrückung oder Abspaltung von Aspekten unserer Identität, sei es aus biografischen Erfahrungen, weil ich das Kind eines »Täters« bin oder »Opfer«, weil meine Herkunft oder Zugehörigkeit politisch nicht »ins System« passt oder ich zu einer Minderheit gehöre, weil ich »anders« bin.

In einem Fall wurde ein schwer geistig behindertes Kind, das in einem Heim lebte, jahrelang totgeschwiegen. Als nun aber die gesunde »einzige« Tochter starb, konnte im Aufarbeiten der Trauer auch das alte Verdrängungsmuster nicht mehr aufrecht erhalten werden.

Ein weiterer Auslöser für mögliche Komplikationen im Trauerverlauf ist dann gegeben, wenn »nichts Vorweisbares« zu betrauern ist und die Anerkennung des Verlustes von außen fehlt. Monika Specht-Tomann und Doris Tropper schildern das Dilemma von Fehlgeburt und Schwangerschaftsabbruch:

»Mit einer Fehlgeburt muss sehr viel mehr begraben werden als ›nur‹ der kleine Mensch, der nicht leben konnte. Gerade die Intensität der Gefühle während der Schwangerschaft, die ja für den Aufbau der Beziehung zum Kind so wichtig sind, lässt die Trauer bei einem Verlust dieser Beziehung besonders schmerzhaft werden ... Umso größer ist der Schmerz über den Verlust einer gedachten, geplanten, gefühlten, erträumten gemeinsamen Zukunft

...

Führt man sich die soziale und psychische Situation vor Augen, in der die meisten Frauen stehen, die sich zu einem Schwangerschaftsabbruch entscheiden, wird deutlich, dass es zu einer Verschränkung unterschiedlichster Schuldgefühle kommt: beispielsweise Schuldgefühle gegenüber dem Kind, gegenüber dem ›Prinzip Leben‹, gegenüber den Vertretern christlicher Werte im Allgemeinen und gegenüber Gott im Speziellen, Schuldgefühle gegenüber Partnern, Eltern, anderen Menschen, die in der Situation Meinungen geäußert und Stellung bezogen haben. Die schwierige Situation dieser Frauen, die gesellschaftliche Stigmatisierung und die Komplexheit der Schuldgefühle schaffen ein großes Leidenspotenzial. Trauer kann und darf meistens nicht gelebt werden, wird auf unbestimmte Zeit – meist auf ewig – aufgeschoben. Dennoch bleibt tief im Innern dieser Frauen ein Schmerz und eine Trauer, die – unbearbeitet – endlos mitgeschleppt wird und Ursache mancher Störungen, mancher seelischer und körperlicher Schwierigkeiten werden kann.« (Specht-Tomann, *Zeit des Abschieds*)

Nicht nur, wenn es sich beim aktuellen Verlust um Schwangerschaftsabbruch oder Fehlgeburt handelt, müssen wir aufgrund der Stigmatisierung und Tabuisierung mit Komplikationen im Trauerverlauf rechnen. Auch viele Jahre später kann diese alte

Trauer in der Bearbeitung eines aktuellen Verlustes massiv in Erscheinung treten.

Auch der Umstand, ein Kind zur Adoption freigegeben zu haben, kann sich noch Jahre später auf eine Trennungs- oder Verlustsituation bedeutsam auswirken. Verwandte Wirkungen sind zu beobachten, wenn Kinder an ihrer Herkunft zweifeln oder sich auf die Suche nach den »richtigen« Eltern begeben. Aber auch bei schweren Erkrankungen, falls belastende Diagnosen dazu führen, dass die Wahrheit zurückgehalten wird, können Trauerreaktionen verzögert werden. Oft tauchen dann später Fragen und Zweifel auf wie: »Hat er doch mehr gewusst?« Manche erfahren im Nachhinein, dass der geliebte Partner mit einem entfernteren Freund über sein bevorstehendes Ende gesprochen hatte. Auf das Dilemma des Verschonen-Wollens gehen wir noch ein.

Traumatisierend sind auch die Fälle, in denen Tote nicht geborgen und dem Verlust kein Ort zugewiesen werden kann, beispielsweise bei Katastrophen wie Flugzeugabsturz oder Lawinenabgang.

Auch bei ungeklärtem Verschwinden, wenn wir nicht wissen, ob der Angehörige überhaupt noch lebt oder wenn der Kontakt zu ihm abgerissen ist, zum Beispiel wenn wir einen geliebten Menschen an eine Sekte oder die Drogenszene verloren haben, ist auch die Trauer »un-fassbar«. Die amerikanische Therapeutin Pauline Boss geht in ihrem bewegenden Buch »Leben mit ungelöstem Leid« eingehend auf diese Verstrickungen ein. Sie untersuchte so genannte unklare Verluste, wo Menschen physisch abwesend sind (entführt, vermisst bei Unfall, Krieg), psychisch jedoch anwesend bleiben, weil »so getan« wird, als sei die Person noch da. Krankheiten wie beispielsweise Alzheimer verändern einen Menschen nachhaltig und irreversibel. Physisch ist er zwar noch anwesend, doch psychisch wirkt er zunehmend abwesender.

»Immer bedürftiger wurde meine Mutter. Nach wie vor lebte sie bei uns, doch war sie immer weniger Mutter, Großmutter, sondern entwickelte sich zu einer Art Kind. Jetzt sorgten wir mit immer mehr Alltäglichkeiten für sie, die sich doch immer um uns gesorgt hatte. Diesen Verlust und unsere Trauer darüber hat kaum jemand gesehen«, beschrieb eine pflegende Angehörige ihre veränderte Familiensituation.

Quälende Schuldgefühle, weil man an einem Unfall Schuld trägt oder auch Selbstvorwürfe bei nur vermeintlicher Schuld können den Trauerausdruck unterbinden oder fehlleiten.

Ein Vater hatte bei einem Rangiermanöver die kleine Tochter überfahren. Die Mutter hatte das Kind in Vorfreude hinausgeschickt, um ihn zu begrüßen: Beide trauerten tief, konnten aber nicht miteinander über das Geschehene sprechen – es wurde totgeschwiegen. Dies trug zur Zerrüttung der Ehe bei. Erst Jahre später konnte sich die Frau im Rahmen einer Therapie mit ihren Schuldzuweisungen und Selbstvorwürfen nochmals auseinander setzen. In einer tief gehenden, meditativen Übung konnte sie ihr Kind heranwachsen lassen und dem »inneren Bild ihrer nun 14-jährigen Tochter« gegenüber alles Belastende aussprechen. Auch all das, was sie so gerne mit ihr erlebt und ihr von der Welt gezeigt hätte, fand hier seinen Ausdruck. Die Wunde fing zwar wieder an »zu bluten«, doch die Schuldgefühle traten in den Hintergrund und machten den Weg frei für ein Gefühl tiefer Liebe und Dankbarkeit für die kurze fröhliche Zeit mit der Tochter.

Liegt erschwerte Trauer vor, gehört deren Behandlung ebenso wie die Abklärung somatischer Beschwerden, zum Beispiel Schlaflosigkeit, Unruhe und die Empfehlung von Medikamenten oder Psychopharmaka, in die Hände von Fachleuten.

Eine Trauernde wollte nicht durch Medikamente ruhig gestellt werden und meinte: »Ich will zeigen dürfen, dass ich verrückt bin!«

Anzeichen, die auf erschwerte und pathologische Trauer hinweisen können

Über einen längeren Zeitraum auftretende

- depressive Reaktionen mit Morgentief, zyklisch wiederkehrend, Anzeichen von Gefühllosigkeit, frühere Depressionen in der Biografie oder in der Familie;
- Desorientierung;
- emotionale und lebendige Berichterstattung von einem jahrelang zurückliegenden Verlust, als sei er aktuell geschehen;
- heftige Gefühlsreaktionen, die anhand der auslösenden Situation für Außenstehende nicht nachvollziehbar sind;
- »konservierte« Umgebung, als hätte der Verlust nie stattgefunden;
- Isolation und Vermeidung von bisher bedeutsamen Menschen oder Orten, die mit dem Verlust in Zusammenhang stehen;
- hartnäckig anhaltende Schuldzuschreibungen an sich selbst oder andere Personen;
- selbstzerstörerische Impulse;
- wiederholte unerklärliche Traurigkeit an bestimmten Orten, Daten oder in bestimmten Situationen;
- gleich bleibende und überstarke Emotionen;
- dramatische Ausbrüche von Angst, Aggression, Panik.

Bei dauerhafter vegetativer Übererregbarkeit, übermäßiger Schreckhaftigkeit, Schlaflosigkeit usw. sollte ärztliche Abklärung erfolgen.

Trost – die Suche nach dem, was trägt

Der Weg im Trauerlabyrinth nimmt wieder eine Wende: vom Beschwerlichen zum Heilsamen und Tröstlichen. Dem Gefühl, untröstlich zu sein, steht oft das Bedürfnis der Umgebung, Trost spenden zu wollen, gegenüber. Trost spenden bedeutet nicht, dem Trauernden seine Trauer zu nehmen oder ihn von seiner Trauer abzulenken! Doch die meisten Trost-Versuche sind Vertröstungen, die den Schmerz, die bedrückende und bedrohliche Situation nicht ernst nehmen. Der Trauernde darf/muss eine Zeit lang untröstlich sein, da keiner ihm das Verlorene zurückgeben kann. In diesem Zugeständnis liegt ein erster Ansatz für tröstliche Erfahrung!

Trost hat sprachlich mit »Treue« und »Trauen« zu tun –
und mit »trauern«. Die Freunde Ijobs trauern sieben
Tage und Nächte mit ihm, trauen ihm und sich ihr
Schweigen und die Stille zu. Das bedeutet doch:
Trösten, wirklichen Trost spenden, geschieht dort,
wo Treue sich bewährt im Aushalten und wo
Vertrauen sich verwirklicht im Zulassen des
Schmerzes! Nur der, der mitgeht im Schmerz, ohne
»fromme Sprüche« sich vom Unglück mit berühren lässt,
sich der eigenen Trauer nicht schämt,
dem es selbst die Sprache verschlägt,
kann dem Trauernden nahe sein und
etwas Tröstliches vermitteln ...

(Neysters, Hausbuch zu Leid)

Auch das Sprichwort »Nur die Trauernden trösten« greift diese solidarische Basis auf: Nur wer selbst eine leidvolle Erfahrung erlebt, sie durchschmerzt hat, kann glaubwürdig tröstende Unterstützung anbieten und wird auch als Begleiter angenommen werden!

Im Buch *Rendezvous mit dem Leben* beschreibt Elisabeth Lukas, wie nötig die »Aktion« ist, solange etwas zu ändern ist, Unabänderliches aber erfordert Mut zur »Passion«:

*Der Mensch ist nicht Mensch
durch das, was er besitzt,
sondern stets durch das, was er hergibt.
Diesem Geheimnis des Lebens auf die Spur zu kommen,
kann schmerzlich sein,
doch Trauer lehrt uns früher oder später:
in Liebe herzugeben.*

Der Wandel der inneren Einstellung zu den Tragödien unseres Lebens ist Teil menschlicher Freiheit und Selbstverwirklichung: Wir ändern nicht die Dinge selbst, sondern, wie wir die Dinge sehen und deuten! Wir geben ihnen »Bedeutung« und erfahren trotz Verlust von Wertvollem auch Weiterentwicklung und Wertverwirklichung. Im Sinne der Logotherapie nach Viktor Frankl stellen nicht wir die Frage »warum?« an das Leben, sondern das Leben fragt uns: »Welchen Sinn gibst du diesen Erfahrungen?«

Der Pastoraltheologe Ebo Aebischer-Crettol nimmt diesen Ansatz in seinem Buch über Suizid und Todessehnsucht (Aus zwei Booten) auf: Die anfangs zentrale Frage der Angehörigen *warum* lässt einen Wandel zu möglicher Sinnfindung zu: »Sein/ihr Leben und Sterben *war, um* ...«

Begleitung, die solche Deutungsimpulse aufnimmt, darf keineswegs dahingehend missverstanden werden, dass der Begleiter etwas vorgibt, das der Trauernde »als Trost« anzunehmen hätte! Hier ist ganz elementar die Resonanzfähigkeit auf beiden Seiten angefragt, nicht nur das Mitschwingen in der leidvollen Erfahrung, sondern auch mit den lebensfördernden Impulsen und tragenden Werten in Resonanz zu kommen.

»Diese Seelenarbeit des Trauernden ist
jedoch sein eigener kostbarer und schmerz-
hafter Preis an das Leben,«

Und diese Auseinandersetzung, Trauerarbeit,
darf er in einem
»heiligen Horizont« wissen.

[Und erst im Nachhinein] vermögen manche
Trauernden zu berichten,
»dass sie einen tieferen Bezug zum Leben
bekommen haben, mehr vom Leben verstanden
haben und dass sie mit diesem
Lebenswissen bereichert und erfüllt
weitergehen können... Der Trauernde
leistet selbst erst im Lauf seines
Prozesses die ›Unter-Schrift‹:
›Ja; es war auch gut‹.«

Nach Erhard Weiher

Wie die Knoten in einem Netz zur Stabilität beitragen, so haben alle Menschen eigene Knoten im persönlichen Ressourcen-Netz: Fähigkeiten, Potenziale, bisherige Überlebensstrategien und Wertvorstellungen, aber auch äußere stabilisierende Faktoren wie materielle Sicherheiten, übernommene Verantwortung durch Aufgaben und soziale Bezüge.

Sehr einfühlsam und zutreffend schreibt Erhard Weiher über die »Seelsorge an den Grenzen des Lebens«: Nicht im Verlust selbst liege der Wert der biblischen Sequenz »Selig die Trauernden«, und sie dürfe keineswegs wie eine Vorschrift oder »voraus-wissende« Überschrift dem Trauernden vorgesetzt werden. Stattdessen gebe der Seelsorger dem Sterbenden oder Trauernden Geleit in den eigenen inneren Raum:

Sich mit dem eigenen Schicksal aussöhnen zu können, bringt auch Dankbarkeit mit sich: »Und wenn du dich getröstet hast, wirst du froh sein, mich gekannt zu haben!«, erklärt der *Kleine Prinz* (Saint-Exupéry).

Aus der anfangs zweifelnden Frage, ob das Leben überhaupt noch »etwas Gutes« bereithält, ist Zuversicht erwachsen, dass das Leben mit mir noch etwas vorhat, vielleicht sogar noch eine besondere Aufgabe ansteht. Wie viele Selbsthilfegruppen und wohltätige Organisationen verdanken ihre Existenz solch gewandelter Leiderfahrung!

Nicht müde werden
sondern dem Wunder
leise
wie einem Vogel
die Hand hinhalten.

Hilde Domin

Keiner trauert für sich allein

Trauern im zwischenmenschlichen Wechselspiel

Menschen sind Beziehungswesen, die auf individuelle Art mit Mitmenschen und ihrem Umfeld verbunden leben und sich gegenseitig in ihrer Lebensgestaltung beeinflussen. Tiefgreifende bewusste und unbewusste Wechselwirkungen bestimmen dieses Zusammenleben.

Ähnlich einem Mobile, das sich im Luftstrom ständig neu ausbalanciert, prägen sich Angehörige, Freundeskreis, berufliche Kontakte und Interessengemeinschaften gegenseitig und nachhaltig. Schnell bilden sie ein System wechselseitiger Steuerung, in dem »der Mensch nicht so ist, sondern sich so in seinem jeweiligen Kontext verhält«, beschreibt Kurt Lewin. Im Erleben, Empfinden und Verhalten kommt es demnach maßgeblich darauf an, mit wem ich mich wann und wo treffe. Auch welcher Kultur wir angehören entscheidet, welche Lebenserfahrungen wir wie verarbeiten.

Menschen leben vernetzt

Ein Alltagsbeispiel mag dies verdeutlichen:

Am Freitagabend, nach einer ausgefüllten Arbeitswoche, wird mein Verhalten meinem Partner gegenüber vermutlich anders aussehen, als Mittwoch Vormittag in einer dienstlichen Besprechung mit Kolleginnen. Möglicherweise bin ich in der einen Situation erschöpft, beschäftigt mit Resten der zurückliegenden Arbeitswoche. Bestimmt werde ich in einer tragfähigen Beziehung mehr Facetten meiner Persönlichkeit zeigen als im beruflichen Umfeld, wo ich vielleicht strategisch klug für ein neues Konzept werben möchte. Jede dieser Begegnungen wird wiederum stark von der Reaktion meiner Mitmenschen mitbestimmt, gemeinsam beeinflussen wir, ob das Mobile harmonisch schwingt oder heftig flattert.

Treten nun Schicksalsschläge in das Leben eines Menschen, so wird – auf dieses Bild übertragen – ein Mobileteil schwerer, möglicherweise so schwer, dass sich die Fäden verwirren oder verknoten. Kann sich das Mobile dann aus eigener Kraft nicht mehr ausbalancieren, findet es nicht zu seinem Gleichgewicht zurück, dann sprechen wir bei Menschen und ihren Bezugssystemen von Chaos, Krise oder Wendepunkt.

In diesen Zeiten wendet sich das bisherige Leben so lange, bis eine neue und tragfähige Homöostase gefunden wird. Dabei müssen die »Lebens-Fäden« aus ihren Verwicklungen »ent-wickelt« – »ausgewickelt« – werden und das System findet zu einem stabilen Gleichgewicht. Dieses ist nicht »wie früher«, sondern entspricht der neuen Lebenssituation und den gewonnenen Erfahrungen. Das Mobile ist neu austariert.

Als Bestandteil eines größeren, nämlich des gesellschaftlichen Zusammenspiels, reagieren System und Umfeld wechselseitig, bedingen sich in Erleben und Verhalten wiederum gegenseitig.

Betrachten wir diese gesellschaftliche Ebene, dann wird schnell deutlich, dass unsere trauerarme Kultur in Abschiedsphasen wenig Unterstützungsangebote für unmittelbar Betroffene und Mit-Betroffene bereithält. Als ungeliebtes Randthema versagt unsere Gesellschaft Trauernden die notwendende Aufmerksamkeit, Würdigung und Unterstützung. Doch hier lässt sich seit einigen Jahren ein Wandel beobachten. Ansätze, ein verändertes Bewusstsein zu schaffen und diesen ausgegliederten Themenbereich ins Leben zurückzuholen, stimmen hoffnungsvoll. So boomt es beispielsweise bei der diesbezüglichen Literatur! Rasch und mit viel ehrenamtlichem Engagement wächst die Hospizbewegung in Deutschland, Selbsthilfegruppen entstehen, Gemeinden bieten vermehrt Anlaufstellen und erste Fachdienste sind eingerichtet. Veranstaltungen und Veröffentlichungen zu diesem Themenbereich stoßen auf wachsendes Interesse und im Jahre 1999 prämierte die *Bodenseeagenda 21* im Rahmen ihres Nachhaltigkeitswettbewerbs das regionale Projekt »Trauer – Abschied – Neubeginn« von Petra Rechenberg-Winter und Ruth Gerstacker.

Die Familie als Trauersystem

Was bedeuten Verluste, was bedeutet Trauer für eine Lebensgemeinschaft, für ein System, das miteinander lebt und deren Mitglieder sich aneinander orientieren?

Da ist zum einen an die so genannte Kernfamilie gedacht, an die Menschen, die in einem sehr engen häuslichen Verbund leben und zum anderen an das weitere familiäre, freundschaftliche und kollegiale Netz, in das Menschen eingewoben sind. Sie alle nehmen entscheidend aufeinander Einfluss und ihr Verhalten bedingt sich wechselseitig.

Mit wem ein Mensch lebt, wer zu seinem engeren und weiteren sozialen Netz gehört und welche Einstellungen dort aufeinander treffen, all das beeinflusst den Trauerprozess jedes Einzelnen. Darf im jeweiligen Kontext getrauert werden? Und wenn ja, wer bestimmt, auf welche Art, wie offen und wie lange, wie intensiv? Und auf welche Unterstützungssysteme kann eine Familie zurückgreifen?

Höre ich immer wieder die Botschaft: »Jetzt solltest du eigentlich darüber hinweg sein, immerhin ist schon ein halbes Jahr vorbei!«, werde ich mich eher zurückziehen. Wenn ich dann von meiner Umgebung als besonders tapfer, gefasst und stark gelobt werde, wird dies meinen Rückzug verstärken!

Ebenso ist das Gegenteil vorstellbar: meinem Verlust wird Wertschätzung entgegengebracht, ich treffe auf Menschen, die es mir wohlwollend zugestehen, meine Empfindungen wahrzunehmen und auszudrücken. In diesem Fall wird mein Trauerprozess vollkommen anders verlaufen.

Fällt ein Familienmitglied aus und kann die ihm übertragenen Aufgaben nicht mehr ausüben, ändert sich auch das Leben der Umgebung nachhaltig. »Als meine Mutter nach ihrem Unfall Rollstuhlfahrerin wurde, war meine Kindheit zu Ende«, erinnert sich eine Frau. Mit der körperlichen Behinderung verschoben sich die Positionen aller Familienmitglieder, die Rollen und Funktionen der Einzelnen änderten sich ebenso grundlegend wie die Beziehungen untereinander. Die Veränderungen gingen bis in die Familienwerte hinein: »Seither lebten meine Eltern nicht mehr so sehr für die Zukunft. Ich glaube, wir alle entdeckten die Kostbarkeit des Augenblicks.«

Jeder Verlust steht nicht für sich allein, sondern aktiviert bisherige Erfahrungen und deren damalige Verarbeitung. Frühere Enttäuschungen oder latente Trennungsfantasien können verstärkt aufleben. Ambivalente Stimmungen beeinflussen den jeweiligen Trauerverlauf, ebenso wie die individuellen Ressourcen ihn unterstützen.

Trauer als umfassende Erschütterung des Bisherigen wird häufig von Einzelnen als Bedrohung ihres Lebenssystems erlebt, als eine Gefahr, die das Beziehungsgefüge zerbrechen kann. Spannungen, Kontrollverhalten oder Fluchttendenzen können in einer derart belasteten Familiensituation leicht missverstanden werden und zu Spaltungen führen. Koalitionen einiger gegen die anderen oder Allianzen derjenigen, die über ähnliche Verarbeitungsmuster verfügen, sind dann zu beobachten.

Gegenseitige Toleranz ist gefordert und Verständnis für persönliche Reaktionen, Rhythmen und unterschiedliche Ausdrucksweisen, wenn ein System gemeinsam wachsen will.

Dann können Beziehungen intensiver erlebt werden: »Nach dem Tod unseres Sohnes haben wir als Familie gemerkt, was uns für unser Leben wirklich wichtig ist.«

Systemische Einflüsse auf unser Trauerverhalten – förderliche Fragen, um sie wahrnehmen zu können

- Welcher Art ist der Verlust (vorübergehend, endgültig, unwiederbringlich)?

- Gibt es Haupt-Betroffene? Was war ihre bisherige Position in der Familie? In welcher Beziehung stehen sie zum Verlust (Partner, Elternteil, Kind, Freundin)?

- Inwieweit nimmt das restliche System und die Umgebung diesen Verlust wahr, würdigt ihn und lässt Trauer darüber zu?

- Wie ist zum Zeitpunkt des Verlustes die aktuelle Lebenssituation des »Systems«?

- Wie sind die näheren Umstände des Verlustes (vorhersehbar, unerwartet, Krankheit, Unfall, Suizid)?

- Wie konnten die Einzelnen frühere Verlusterlebnisse verarbeiten?

- Wie wurde innerhalb des Systems bisher kommuniziert?

- Welche Werte tragen jeden Einzelnen und welche das Gesamtsystem?

- In welches soziale Netz ist das System eingebunden, und worauf kann aktuell zurückgegriffen werden?

- Wie offen ist die Familie nach außen, kann sie Hilfe annehmen?

- Welche Trauerrhythmen zeigen die Einzelnen?

- Wer im System trauert offensichtlich, wer leise und wer unbemerkt?

- Und wer reagiert wie darauf?

- Wer innerhalb der Familie stützt wen, in welcher Weise und in welchen Situationen?
- Wer nimmt nach dem Verlust welchen alten/neuen Platz im System ein?
- Was hat sich für jeden Einzelnen am meisten und was am wenigsten verändert?
- Wer sieht sich wo besonders gefordert? Wer fühlt sich wo überfordert?
- Welche Wünsche und Bedürfnisse hat jedes Familienmitglied vorrangig, welches langfristig?
- Wer/was kann zur Erfüllung dieser Bedürfnisse beitragen?
- Wo und wann können sich die Einzelnen miteinander über ihr unterschiedliches Erleben austauschen?

Männer trauern anders – Frauen auch?

Auf Stress reagieren Menschen zwar individuell verschieden, doch beeinflussen Partner sich gegenseitig nachhaltig. Das Bild vom Mobile hat dieses Zusammenspiel veranschaulicht und ist übertragbar auf Kulturen, in denen die einzelnen (Familien-)Mobiles nach verpflichtenden Gesetzen aufgehängt und geordnet werden. Weibliche und männliche Aspekte sind darin genau definiert, doch gestaltet jedes Paar einzigartig, wie es Belastungssituationen begegnet. Wie sie sich gegenseitig in ihren Bewältigungsstrategien akzeptieren und Unterschiede zulassen können, prägt die Qualität ihrer Partnerschaft.

Aufhebung

Sein Unglück
ausatmen können,
tief ausatmen,
sodass man wieder
einatmen kann.
Und vielleicht auch
sein Unglück sagen können,
in Worten,
in wirklichen Worten,
die zusammenhängen
und Sinn haben
und die man selbst noch
verstehen kann
und die vielleicht sogar
irgendwer sonst versteht
oder verstehen könnte –
und weinen können.
Das wäre schon
fast wieder Glück.

Erich Fried, Beunruhigungen

Bewährungsprobe für die Partnerschaft

Mit der provozierenden Frage in der Überschrift wollen wir eine Realität zum Ausdruck bringen, die nicht nur unseren persönlichen Beobachtungen entspricht, sondern die durch psychologische und ethnologische Untersuchungen statistisch belegt ist. Unser biologisches Anderssein als Frau und Mann ist kein ausschließlich körperliches. Auch psychisch und gedanklich prägen uns geschlechtsspezifische Unterschiede: weibliches Erleben unterscheidet sich von männlichen Erfahrungen. Auch wenn über den prozentualen Anteil an genetischen und sozialen Einflüssen in der Psychologie immer wieder diskutiert wird, ist doch unumstritten, dass unsere Wertvorstellungen maßgeblich durch unsere Kultur beeinflusst werden. Jede Kultur hat eigene idealtypische Rollenvorstellungen und geschlechtsspezifische Erwartungen, wie sich ein »echter« oder »ganzer« Mann verhalten sollte, was eine »richtige« Frau zu tun oder zu lassen hat.

Sitten, Bräuche, historische Erfahrungen und Traditionen regeln, wie wir Erlebnisse wahrnehmen, interpretieren und beantworten. Während unsere Gesellschaft tapferes und gefasstes Ertragen von Schicksalsschlägen anerkennend belohnt, wird dieses »Tragen in Geduld« in südlichen Kulturen als Untugend angesehen. Hier wird Krankheit emotionaler und totaler als in Westeuropa erlebt, körperliche und seelische Schmerzen intensiv geäußert und ein persönlicher Abschied öffentlich betrauert. Nur dadurch kann der Wert des Verlorenen ausgedrückt und der Umgebung verdeutlicht werden.

Ein binationales Paar meldete sich zur Psychotherapie an. Seit dem Tod der Mutter des Mannes seien die Spannungen in ihrer Familie unerträglich geworden, die zehnjährige Tochter habe schon gedroht wegzulaufen. Die Eltern fühlten sich ratlos. Im Verlauf des Erstgespräches konnte der Hintergrund dem Paar verständlich gemacht werden. Während er als Libanese und jetziges Familienoberhaupt klare Aufgaben für seine Herkunftsfamilie zu erfüllen hatte, reagierte seine deutsche Frau zunehmend verletzter und ärgerlich. Sie empfand diesen Rückzug und seine Abwesenheit als gegen sich gerichtet – sie würde ihm wohl in dieser schweren Zeit nicht genügen. Er dagegen war verzweifelt über ihr Unverständnis, das er nicht mit mangelnder Kenntnis seiner Kultur erklärte, sondern als Herzlosigkeit ihm gegenüber interpretierte.

Auch für das Erfahrungsfeld von Abschied und Trauer weist unsere Kultur seit Generationen den Geschlechtern ungleiche Tugenden und besondere Verhaltensweisen zu.

»Männer weinen nicht«, wird als Postulat heutzutage zwar weniger eindeutig formuliert, doch treffen wir in der Regel weniger weinende Männer an als Frauen. Dasselbe gilt für tief erlebtes Glück, wo ebenso mit zweierlei Maß gemessen wird. »Frauen können eben Gefühle besser zeigen«, heißt es dann. Doch ist das wirklich der Fall? Der Blick auf andere Kulturen belehrt uns eines Besseren, zeigt, wie maßgeblich hier Erziehung im Spiel ist.

Ob wir es aus eigener Erfahrung »wissen« oder durch Untersuchungen bestätigt sehen: Männer trauern anders – und Frauen auch! Und hier stoßen wir auf einen elementaren Prüfstein für die Partnerschaft.

»Ich habe das Gefühl, als ob die gesamte Trauer unserer Familie durch mich hindurchfließt«, schildert eine Frau ihre intensiven Trauergefühle nach dem Tod eines ihrer Kinder. Sie suchte Hilfe in paartherapeutischen Gesprächen, da neben dem Verlust des Kindes die zunehmende Entfremdung zu ihrem Mann sie belastete. Sie weinte in den Augen ihres Mannes viel mehr, als ihr gut tat. Sie war ihrerseits tief gekränkt darüber, dass er sich in seine Arbeit vergrub. Arbeitswut auf der männlichen, Schwermut auf der weiblichen Seite? Herzloser Mann, emotional begabte Frau – oder trauern beide nur auf unterschiedliche Weise? Und wie wirken sich bei diesem Fallbeispiel individuelle biographische Vorerfahrungen, elterliche Vorbilder und gesellschaftliche Erwartungen aus? Im Austausch über diese Fragen wuchs bei diesem Paar das Verständnis für die je eigenen Reaktionsweisen. Es wurde ihnen möglich, ihre Ressourcen zu entdecken und eine angemessene Nähe aufzubauen. Sie mussten ihre »Gemeinsamkeit nicht dem Schmerz opfern«, beschrieb es die Frau.

Es ist belegt, dass Frauen Trauer eindeutiger zeigen als Männer. Frauen scheinen eher bereit, sich mit schmerzhaften Erfahrungen durch Gespräche und aktive Trauerarbeit auseinander zu setzen, während Männer sich eher im Schmerz vergraben, in Aktivitäten oder Arbeit stürzen, zum Teil in Ersatzhandlungen flüchten.

Bei Männern treffen wir bevorzugt auf Fragen nach »objektiven« Zusammenhängen, nach Fakten, möglichen Ursachen und Schuldfragen. Schuldzuweisungen richten sie tendenziell eher nach außen: Warum haben Ärzte so und nicht anders gehandelt, weshalb wurde eine therapeutische Maßnahme nicht mehr ergriffen? Frauen dagegen neigen eher dazu, sich selbst anzuklagen, und forschen nach persönlicher Verantwortung: Warum bin ich in der Todesstunde zu spät gekommen, nicht dageblieben? Was habe ich falsch gemacht, dass es so schlimm gekommen ist?

Eine junge Frau hatte bei einem schweren Verkehrsunfall ihren Mann und ihr kleines Kind verloren. Auf dem Weg zum Besuch bei den Schwiegereltern war ihnen ein betrunkener Autofahrer an einer Kreuzung in ihr Auto gefahren. Sie hatte nur Prellungen und leichtere Verletzungen davongetragen. »Ich habe überlebt, dabei bin ich doch an allem schuld! Mein Mann hat immer wieder zum Aufbruch gemahnt, er wollte nicht zu spät zum Essen kommen. Und ich stand im Bad und habe noch an meiner Frisur herumgeföhnt. Es lag an mir, dass wir zum falschen Zeitpunkt an der Kreuzung waren!« Ihre inneren Bilder vom Geschehen blieben immer wieder an derselben Stelle, der Szene im Bad stehen. Hier hatte sie das Schicksal noch in Händen und die Welt könnte noch in Ordnung sein, wenn sie nicht so eitel gewesen wäre. Sie hätte alles gegeben, um diesen inneren Film ab dieser Stelle noch einmal neu drehen zu können.

Im Falle von Trennung oder Scheidung zeigen sich bei Männern mehr gesundheitliche Auswirkungen und auch stärkere Anzeichen von Hilflosigkeit als bei Frauen. Nach einem anfänglichen Gefühl der Erleichterung treten bald Versagensängste, psychische Verstimmungen, teilweise Apathie auf.

Statistiken zeigen, dass im Zeitraum von sechs Monaten vor bis sechs Monate nach einer Scheidung Männer signifikant häufiger in Verkehrsunfälle verwickelt sind. Ihre Suizidgefährdung ist ebenso erhöht wie das Risiko einer psychiatrischen Ersterkrankung. Auch lassen sie sich nach Trennungen und Verlusten früher wieder auf eine neue Partnerschaft ein.

Oftmals verspüren Männer in Krisenzeiten das Bedürfnis nach sexueller Begegnung, während Frauen sich eher Rückzug oder nur freundschaftliche Umarmung wünschen. Bei einem gemeinsamen Verlust kann auch dieses unterschiedliche Bedürfnis nach körperlicher Nähe als zusätzliche Belastung empfunden werden.

So erlebte eine Frau nach dem Tod ihres Babys, wie ein körperliches Zusammensein mit ihrem Mann geradezu unmöglich
wurde. In ihrem Schmerz konnte sie monatelang Intimität, Lust
und Freude nicht zulassen. Es wäre ihr wie Verrat an ihrem toten Kind erschienen. Bedrückend war auch die Vorstellung,
dass dabei neues Leben entstehen könnte, während sie um ihr
Kind trauerte.

Für den Mann lag in seinem Wunsch nach körperlicher Begegnung auch die Sehnsucht nach Bestätigung, dass ein Stück
der Welt noch heil geblieben war. Er hoffte, seine Frau auf diese
»kleine Insel« holen zu können. Dass sie dafür nicht offen war,
erlebte er als Entwertung seiner selbst und als zusätzlichen Verlust an Beziehung.

Paare, die einen gemeinsamen Verlust zu betrauern haben, berichten auch, wie belastend diese erlebten Unterschiede im
Trauerverhalten sind. Von männlicher Sprachlosigkeit ist dabei ebenso die Rede wie von weiblicher Angst, ja Panik vor weiteren Verlusten.

»Mein größter Albtraum ist, jetzt noch meinen Mann zu verlieren«, äußerte eine Frau nach dem Verlust eines Kindes in der Paartherapie ihrem erstaunten Mann gegenüber. Er seinerseits stellte keinesfalls die gemeinsame Beziehung in Frage, sondern setzte sich zu diesem Zeitpunkt mit seiner persönlichen Angst vor beruflichem Versagen in der aktuellen Krisenzeit auseinander. Der Mann fühlte sich unter starkem Druck und arbeitete entsprechend mehr. In seiner Herkunftsfamilie hatte er Stresszeiten als äußerst gefährlich kennen gelernt. Sein Vater hatte sich nach einer lebensbedrohlichen Erkrankung der Mutter verstärkt der Familie zugewendet und seine berufliche Existenz bald aufs Spiel gesetzt. Nur knapp konnte damals ein drohender Konkurs aufgehalten werden.

Was in der jetzigen Situation nach dem Tod des Kindes von der Frau als Rückzug erlebt wurde, konnte nun von beiden als Verantwortungsgefühl verstanden werden. Die Frau war ihrerseits von frühen Erfahrungen geprägt. Ihr Vater hatte sich nämlich in Krisenzeiten zurückgezogen, sich von seiner Frau und Familie verstärkt abgekapselt. Positive Begegnungen waren zunehmend seltener geworden, familiäre Spannungen hatten zugenommen. Als Jugendliche hatte sie diese Isolation extrem belastet.

Im weiteren Therapieverlauf gelang es beiden, Verständnis für ihre unterschiedlichen Reaktionsweisen und Verhaltensmuster aufzubringen und sich verstärkt ihren partnerschaftlichen Ressourcen zuzuwenden. Sie erkannten die Chance, in der aktuellen Grenzsituation Bestehendes in Frage zu stellen und gelangten zu einem vertieften Austausch über wichtige Aspekte ihres Lebens. Ihre ursprünglichen Haltungen konnten sie einer selbst-kritischen Überprüfung unterziehen. Sie erschienen ihnen nun wie ein »künstliches Gleichgewicht«: die Starre und Arbeitswut auf der einen Seite war der überfließenden Trauer auf der anderen Seite gegenübergestanden. Sie konnten diese »Rollenverteilung« nun aufgeben, was die gemeinsame Beziehung zugleich entlastete und intensivierte.

- Wie war das Trauerverhalten in meiner Herkunftsfamilie? Was wurde zugelassen, was wurde verdrängt?
- Wer hat mir ein positives Beispiel vermittelt? Wodurch? Wann war das?
- Wo haben diese Vorgaben mir genützt und wo haben sie mich behindert?
- Was ist heute für mich als Frau/Mann bei Verlusten besonders hinderlich?
- Was erlebe ich als besonders hilfreich und förderlich?
- Was denke ich, ist für meine Partnerin/meinen Partner besonders schwierig?
- Was erleichtert es ihr als Frau/ihm als Mann, Abschiede zu bewältigen?
- Welche Ideale in punkto Trauerverhalten möchte ich an meine Kinder weitergeben?

Gemeinsamkeiten in der Trauer

Trotz aller Verhaltensunterschiede gilt, dass Männer wie Frauen in Wendezeiten emotional besonders verletzlich sind und geschlechtsübergreifend elementare Grundbedürfnisse haben. Deren Befriedigung streben wir Menschen jederzeit an, in Krisenzeiten kommt ihnen allerdings eine besondere Bedeutung zu. Werden sie jetzt berücksichtigt, dann können sie Frauen wie Männer gleichermaßen stabilisieren. Dazu zählt der Wunsch nach Zugehörigkeit ebenso, wie der nach Sicherheit und Orientierung. Auch ist es ein tiefes menschliches Bedürfnis, langfristig im eigenen Schicksal Sinn zu erkennen. Und alle Menschen möchten Einfluss auf die persönliche Situation nehmen, selbst wenn dies nur in begrenztem Maße möglich ist.

Grundbedürfnisse, die in Krisensituationen stabilisieren

- Sinn, Hoffnung, Perspektive
- Macht, Kompetenz, Einfluss
- Sicherheit, Orientierung
- Zugehörigkeit, Anerkennung, Zuwendung

Wie ein Verlust bewältigt wird, hängt maßgeblich davon ab, welche Unterstützung wir erfahren und als wie tragfähig sich das persönliche soziale Netz erweist. Paare stehen vor der Herausforderung, neben der individuellen auch eine partnerschaftliche »Stresskompetenz« zu entwickeln. Hilfreiche Leitlinien sind dabei, die Belastungen der Partnerin/des Partners zu erkennen, den eigenen Schmerz zuzulassen und verständlich zu machen und gemeinsam nach Lösungen zu suchen. Es muss genau besprochen werden, wie weit gegenseitige Unterstützung gesucht und angenommen werden kann. Schnell kommt es zu Überforderungen; Unzufriedenheit hat gegenseitige Vorwürfe zur Folge. Im gemeinsamen Austausch lassen sich auch Hilfsangebote von außen ansprechen, ohne dass sich einer übergangen fühlt. Wir dürfen uns nicht hinter den eigenen sicheren Mauern verschanzen, müssen gemeinsam Neuland betreten, jede und jeder auf eigene Weise.

Wie sollten wir es nicht schwer haben?

Und wenn wir jeder von der Einsamkeit reden,
so wird immer klarer, dass das im Grunde
nichts ist, was man wählen oder lassen kann.
Wir sind einsam.
Man kann sich darüber täuschen und tun,
als wäre es nicht so. Das ist alles.
Wie viel besser ist es aber einzusehen,
dass wir es sind, ja geradezu, davon auszugehen.
Denn im Grunde, und gerade in den tiefsten und
wichtigsten Dingen, sind wir namenlos allein,
und damit einer dem andern raten
oder gar helfen kann, muss viel geschehen,
viel muss gelingen, eine ganze Konstellation
von Dingen muss eintreffen,
damit es einmal glückt.

Rainer Maria Rilke

Plastik: Waldemar Otto

Die Statistik zeigt, dass die Trennungsquote im Zusammenhang mit Verlusten signifikant hoch liegt. »Geteiltes Leid ist halbes Leid« ist nicht immer die zutreffende Erfahrung. Doch falls ein Schmerz gemeinsam getragen werden kann, verbindet dies und kann eine Beziehung intensivieren. »Meine Krankheit hat uns wieder näher gebracht. Wir haben uns in dieser Zeit auf besondere Art eingelassen, uns zusammengelebt«, berichtet ein Krebspatient rückblickend.

Belastungszeiten bringen die persönlichen Unterschiede, Grundüberzeugungen und bisher möglicherweise verdeckte Probleme besonders deutlich an den Tag. So wie für jeden Einzelnen die Krise sowohl die Chance zur Weiterentwicklung als auch das Risiko des Scheiterns birgt, gilt dies auch für Paare oder erweiterte Systeme wie Familie, Arbeitsteam oder Gruppe.

Mut zur Bewältigung

Trauerwege sind schwer, und mitunter sind nahestehende Menschen als »Mit-Leidende« selbst zu stark betroffen, um ausreichend Hilfe geben zu können. Selbst bewährte Beziehungen können an Grenzen stoßen. Dann kann es hilfreich sein, sich neutrale Unterstützung von außen zu holen, von Menschen, die als kompetente »Begleiter« durchs »Trauergelände« führen.

Doch um mich darauf einlassen zu können, möchte ich wissen, was ich erwarten kann und was mich möglicherweise erwartet.

Inhalte einer systemisch orientierten Trauerbegleitung

Für Einzelne:

- Lernen, den erlittenen Verlust als Realität zu akzeptieren.

- Schmerz über erfahrenen Verlust erfahren und ausdrücken.

- Anpassungswege an neue Lebenssituation entwickeln.

- Emotionale Energien vom Verlorenen abziehen, um sie langfristig in neue Beziehungen investieren zu können.

- Den Abschied versöhnlich in die individuelle Biografie integrieren.

Für das Gesamtsystem:

- Miteinander in Kontakt bleiben.

- Trauerblockaden erkennen und abbauen.

- Gegenseitigkeit von individuellen Trauerreaktionen aufzeigen.

- Wertschätzung und Verständnis füreinander ausbauen.

- Gegenseitige Verflechtungen lösen.

- Lösungen, Ressourcen und Entwicklungspotentiale erkennen, nutzen und ausbauen.

- Gemeinsam der Trauer Raum und Formen geben.

- Den Abschiedsprozess begleiten.

Verluste verändern die persönliche und soziale Identität
In einer Gesellschaft, die Erfolg, Fitness und Jugendlichkeit propagiert, besteht die Gefahr, dass Misserfolge und Schicksalsschläge als persönliches Versagen erlebt und im Umfeld mit Ausgrenzung beantwortet werden.

Der Verlust des *Arbeitsplatzes* oder das Ende der Berufstätigkeit bedeutet gleichzeitig, bisheriges Prestige und Rollen aufzugeben und Funktionen zu übernehmen, die der neuen Lebenssituation angemessen sind. Damit wandeln sich persönliches Lebensgefühl und bisheriges Selbstbild grundlegend. Wir haben nicht nur »viel Zeit«, die Nähe zu den Angehörigen verändert sich, von allen Beteiligten wird Umorientierung verlangt.

Heimat aufzugeben fordert zu grundsätzlicher Neuorientierung heraus: Neben den Integrationsbemühungen in die neue Umgebung heißt es, nationale und kulturelle Eigenheiten zu wahren, beides in Einklang zu bringen. Wie viel Vertrautes, bisher Tragendes kann gelebt werden und wo widerspricht es der neuen Umgebung?

»Wir haben unseren Alltag verloren.« So umfassend beschrieb Gertrud O. die Erfahrungen ehemaliger DDR-Frauen nach der Wende (Grell, *Ein Ende ist immer ein Anfang*).

Im Rahmen einer schweren Erkrankung *Gesundheit* zu verlieren, heißt gleichzeitig, das bisherige Körperbild und körperliche Selbstbewusstsein zu verabschieden und mit veränderter Vitalität und Sexualität leben zu lernen.

Ungewollt *kinderlose Paare* berichten von stigmatisierenden Gefühlen und tiefer Trauer, die von ihrer Umgebung nicht akzeptiert wird.

Und welche Unterstützung steht Eltern zur Verfügung, die während der Geburt ihr Kind verlieren? (Knoop, *In den Tod geboren*)

Eltern nach *Schwangerschaftsabbruch* finden sich vollends im gesellschaftlichen Tabubereich wieder, sehen sich mit Ablehnung und Unverständnis konfrontiert.

Verurteilt fühlen sich auch Mütter und Eltern, die ihr Kind bewusst zur *Adoption* freigeben. Von den einen als »Rabenmutter« bezeichnet und doch gleichzeitig »eine Frau, die das Trauma der Kindesabtretung überlebt hat«. Dies ungeachtet dessen, in welchem Maß sie sich für eine förderlichere Zukunft ihres Kindes entschieden haben (Betty Lifton in: Rechenberg-Winter, *Es beginnt mit einem Abschied*).

Die Lösung einer bedeutsamen Beziehung, sei es durch Trennung, Scheidung oder Tod ist mit vielfältigen Abschieden verbunden. Der Witwer und die Witwe, die sich wieder als Single erleben, begegnen Vorurteilen, Vorbehalten und teilweise auch einem Erwartungsdruck. Vorsorglich kümmerte sich ein Witwer übertrieben um den Haushalt, da er keinen »Verdacht« aufkommen lassen wollte, er »käme allein nicht zurecht«. In einem anderen Fall beanspruchte eine Witwe zunächst die ihr von einem befreundeten Paar angebotene Hilfe. Doch als der Mann zweimal zu Reparaturen gekommen war, wies dessen Ehefrau ausdrücklich darauf hin, dass es »dafür Handwerker gebe«. Sie spürte, wie die Umgebung durchaus auch mit Eifersucht auf sie im Zusammenhang mit dem fehlenden Partner an ihrer Seite reagierte.

Individuell verschieden ist die Trauer, je nachdem, ob es sich bei dem Verlorenen um einen Geschwisterteil (auch bei Erwachsenen), einen Elternteil, Partner, Freund oder ein Kind handelt. Tendenziell leichter verarbeiten wir Verluste, die der Chronologie folgen, die »Älteren«, die vor uns da waren, wie Großeltern und Eltern, »sollten« vor uns gehen, und wir vor unseren Kindern!

Mit dem Tod der Eltern ist immer auch der Verlust der Vergangenheit, das Ende der Kindheit zu beklagen. Ein Tod in jungen Jahren, insbesondere wenn es sich um das eigene Kind als Zukunftsträger handelt, ist viel schwerer zu begreifen und kaum zu akzeptieren. Stirbt ein Geschwister, nimmt es unabhängig von Alter und Beziehungsqualität immer einen Teil der eigenen Geschichte, der eigenen Kindheit und Identitätsfindung mit in den Tod.

Wenn wir wieder an das Bild vom Mobile anknüpfen, handelt es sich dann nicht geradezu um einen gesellschaftlichen Auftrag, Menschen in Verlustsituationen Unterstützung anzubieten und sie besonders in Krisenzeiten in sozialen Bezügen zu halten? Zu Angeboten, die spezifisch und »exklusiv« auf die Bedürfnisse Trauernder ausgerichtet sind, muss es auch Angebote geben, die Trauer in den Alltag integrieren, wie beispielsweise am Arbeitsplatz, in der Schule oder im familiären und nachbarschaftlichen Umfeld.

»Abschiedlich Leben« als Lebensthema bedeutet, Verluste, Krisen und Wendezeiten als zum Leben gehörig anzusehen. Es verlangt, deren Bewältigung zu würdigen und als persönlichen Gewinn anzuerkennen.

Eine entsprechende Wissensvermittlung und Kompetenzerweiterung ist für alle diejenigen Berufsausbildungen zu wünschen, die auf die Arbeit mit Menschen vorbereiten.

»Und der Bart von Opa, ist der auch tot?« – Wenn Kinder trauern

Diese von einem Fünfjährigen gestellte Frage (Tausch-Flammer, *Wenn Kinder nach dem Sterben fragen*) zeigt, dass Kinder weniger Berührungsängste haben als Erwachsene, dass sie meist recht unverkrampft und direkt, detailliert und offen an den Themenbereich Sterben und Tod herangehen. Es ist eine besondere Herausforderung, Kinder zu begleiten, die von einem Abschied oder Verlust, vielleicht sogar Tod mitbetroffen sind, eine Aufgabe, der wir uns oft nicht gewachsen fühlen. Das »Wie sag ich's meinem Kinde« bringt Eltern weniger bei der sexuellen »Aufklärung«, als vielmehr bei unserem Themenbereich in Bedrängnis: Was und wie viel kann es verstehen, welche Details sind wichtig, welche Worte angemessen? Aus Unsicherheit flüchten wir in Ausreden, wir halten Kinder von Schwerkranken, von Beerdigungen fern, glauben, sie schonen zu müssen.

Vorwurfsvoll war die Reaktion einer Fünfjährigen, als die Mutter ihr die traurige Nachricht vom Tod des schwerkranken Vaters überbrachte:»Das habe ich doch gewusst! Alle haben es gewusst, nur mir hast du es nicht gesagt. Der arme Papa!«

Unbewusst spielt der Aspekt eine Rolle, uns selbst schonen zu wollen, wir fühlen uns überfordert, da die anstehende Trennung, der erlittene Verlust uns an unsere eigenen Grenzen bringt.

Kinder und Jugendliche trauern auf ihre persönliche, alters- und erfahrungsgemäß eigene Weise! Ihre Begleitung ist meist gefühls- und zeitintensiv und erfordert entwicklungspsychologisches Verständnis.

Wir legen Ihnen sehr ans Herz, sich vertiefende Fachliteratur zu besorgen oder Hilfe von außen einzubeziehen, wenn Sie sich dieser Aufgabe verantwortlich stellen.

Der folgende Überblick will eine erste Orientierung erleichtern:

Kinder reagieren meist sehr sensibel auf Schwingungen, sie spüren, wenn»etwas in der Luft liegt«, ob wir authentisch sind oder ihnen etwas»vormachen«.

Meist verhalten sich Kinder und Jugendliche solidarisch, übernehmen unter Umständen die Strategie,»das Spiel« der Erwachsenen, oder sind bemüht, ihre Eltern zu schützen. Dann zeigen sie sich möglicherweise betont unkompliziert, wirken gar erheiternd auf ihre Umgebung. Doch tun sie dies auf Kosten ihrer eigenen Entwicklung.

Eine Schülerin zeigte sich nach dem Suizid der älteren Schwester überaus leistungsorientiert, um den Eltern nicht noch mehr Schwierigkeiten zu machen. Dies wurde so interpretiert, dass sie mit der Situation recht gut zurechtkäme. Erst als Erwachsene konnte sie sich der verschütteten Trauer und Enttäuschung, im Stich gelassen worden zu sein, stellen.

Als Erwachsene verlassen wir uns primär auf Sprache. Diese Kommunikationsebene müssen sich Kinder erst erschließen. Sie haben eigene Formen, phantasievolle spielerische Möglichkeiten, die uns oft nicht mehr vertraut sind. Von Erwachsenen erfordert dies Kreativität, Akzeptanz und Wertschätzung. Keinesfalls geht es um schnelle Antworten. Eine Person aus dem vertrauten Umfeld des Kindes als zusätzliche Stütze einzubeziehen, ist in einer akuten Verlusterfahrung hilfreich und entlastend!

Um Kinder behutsam an das Thema heranzuführen, sollten wir die alltäglichen Möglichkeiten nutzen: zum Beispiel sich bewusst verabschieden, nachwinken, von Abwesenden sprechen, die Vorfreude auf das Wiedersehen genießen! Den Abschied vom Tag mit einem Ritual gestalten: Zimmer und Gedanken in Ordnung bringen, erzählen, singen oder beten.

Auch wenn ein Spielzeug kaputt ist oder verloren geht, ein geliebtes Haustier stirbt, sollten wir mit dem Kind Kummer und Enttäuschung aushalten und nicht mit vorschnellen Ablenkungen und Vertröstungen wie »gleich morgen für Ersatz zu sorgen« reagieren!

Kinder trauern, wenn der beste Freund wegzieht, die Lieblingslehrerin eine andere Klasse übernimmt, aber auch, weil in der neuen Wohnung das Kinderzimmer ganz anders ist.

Das Kind darf seinen berechtigten Schmerz zulassen, soll aber in seiner Trauer nicht allein bleiben! Es will das tote Tier sehen, sich von ihm verabschieden, es im Garten vergraben. Wenn wir ausweichen oder ablenken, kommen Kinder eventuell mit ihren Fragen nicht wieder und ziehen sich zurück, holen sich ihre Antworten anderswo. Ehrliche und aufrichtige Aussagen sind für Kinder immer weniger belastend als Ungewissheiten.

Auch wenn Kinder nicht alle Einzelheiten kennen müssen, sollten wir die Wahrheit nicht verbiegen oder verharmlosen. Durch wiederholtes Fragen erobern sich Kinder Stück für Stück die Realität, daher sollten unsere Antworten dosiert nur das beantworten, was Kinder jeweils erfragen.

Eine klare und eindeutige, kindgemäße Sprache gehört dazu, aber keine missverständlichen Formulierungen wie »Opa ist für immer eingeschlafen« oder »Sie hat ihr Kind verloren!«, was Einschlafschwierigkeiten und Ängste auslösen kann.

Kinder entwickeln schnell Schuldgefühle und magische Phantasien, die bedrohlicher als die Realität sein können, zum Beispiel: »Bin ich schuld, dass die Eltern so bedrückt sind?« Es ist unverzichtbar, ihnen – unter Umständen mehrmals – zu erklären, dass sie nicht den erlittenen Verlust zu verantworten haben, dass es auch nicht ihre Schuld ist, wenn die Eltern sich trennen!

Verleugnung ist oft eine Erstreaktion, auch überangepasstes Verhalten oder Kinder übernehmen Verhaltensweisen des Menschen, der weggegangen ist.

Fragen nach dem Sinn des Lebens und was danach kommt, können nicht richtig oder falsch beantwortet werden. Auch Erwachsene müssen nicht auf alles eine Antwort haben!

❒ *Kinder und Jugendliche orientieren sich an uns als »Trauermodelle«*

– *Welche Bilder über das Leben vermitteln wir; wie gehen wir mit freud- und leidvollen Erfahrungen um?*
– *Wie setzen wir uns mit der Endlichkeit auseinander?*
– *Wie gehen wir selbst mit Verlust und Abschied um?*
– *Können wir Schwäche, Ängste, Trauer zulassen/ausdrücken?*
– *Auf welche Ressourcen greifen wir zurück, was tut uns selbst gut?*
– *Wo können wir von den Kindern lernen?*

Wenn wir eigene Bedürfnisse und Wünsche, Sorgen und offene Fragen annehmen, ist dies eine gute Basis für den Umgang mit Kindern. Das Kind erfährt, dass Trennungen und Loslassen zum Leben gehören, doch es erfährt auch:»Ich muss das nicht alleine aushalten!«

Gefühle zeigen uns unmittelbarer, was gut ist: Wärme, ein liebevolles In-den-Arm-Nehmen kann wichtiger sein als eine fundierte»richtige«Antwort!

Nicht immer passt der Zeitpunkt, um bestimmte Dinge zu verstehen oder annehmen zu können. Bisweilen sind die Fragestellungen auch sehr komplex und überfordern beide Seiten. Dann ist es gut, wenn das Kind weiß, dass es immer wiederkommen kann mit seinen Fragen.

Welche Vorstellungen haben Kinder von Sterben und Tod?

● *0 bis 3 Jahre:*
Bis zu drei Jahren haben Kinder noch keine Vorstellung vom Tod. Sie können gestern und morgen nicht unterscheiden. Alles, was sich bewegt, ist lebendig, zum Beispiel auch ein Ball. Stark reagieren sie auf Abwesenheit ihrer Bezugsperson.

● *3 bis 6 Jahre:*
Sterben ist ein Ereignis, das Trennungsängste auslöst. Der Tod wird als Schlafzustand, als Abwesenheit und Bewegungslosigkeit erfahren. Er löst aber auch Neugier aus und Kinder wollen zum Beispiel ein totes Tier untersuchen oder stellen am Grab die Frage:»Friert die Oma da nicht?« Magische Vorstellungen spielen eine große Rolle:»Ich verzaubere dich!« Tot umfallen und wieder aufstehen können sind unmittelbar miteinander verknüpft. Die Endgültigkeit wird nicht voll erkannt, zum Beispiel könnte die Frage auftauchen, ob Tote unter der Erde überhaupt Luft bekommen. Der Tod kann auch als Bestrafung für böse Taten gesehen werden.

- *6 bis 10 Jahre:*

Gefühle werden mit dem Tod verknüpft; Kinder zeigen Mitleid mit Betroffenen, äußern Furcht vor dem Tod. Sie verstehen zunehmend, dass der Leib zerfällt und der Tod ein Ereignis von Dauer ist. Großes Interesse an Beerdigungen, dem Sarg, an Alter, Unfall, Gewalt. Bewusstsein, dass die eigenen Eltern sterben können, entwickelt sich. Auch der eigene Tod gewinnt in den Gedanken eine Vorstellung (zum Beispiel als Racheakt an den Eltern). Heftige Trauerreaktionen werden unterbrochen von Phasen des Nicht-wahrhaben-Wollens. Zunehmend sind Kinder empfänglich für religiöse Vorstellungen, was nach dem Tod kommt.

- *10 bis 14 Jahre:*

Die Kinder erkennen den Tod realistisch als abschließendes und unausweichliches Ereignis. Sie wissen, dass dies Trennung und Liebesverlust bedeutet. Sie trauern wie Erwachsene und haben Angst, Eltern oder Freunde zu verlieren. Es ist sowohl eine sehr aktive und lebensbejahende Phase, aber auch die Frage nach dem Sinn des Lebens, nach Lebenszielen und Idealen wird gestellt. Bisweilen wird das Dasein sehr kritisch gesehen – Weltschmerz-Stimmung. Bei vielen Kindern hält sich die Hoffnung bis in die Pubertät hinein, eines Tages doch nicht sterben zu müssen, weil bis dahin ein Mittel gegen Kranksein und Altern gefunden ist.

- *über 14 Jahre:*

Ihren Abschied von der Kindheit erleben Jugendliche bewusst. Ernsthaft stellen sie Fragen nach Sinn und Lebensperspektiven, auch wenn ihnen das zu erwartende Erwachsenenleben nicht selten fragwürdig erscheint. Todeswahrnehmung und Bewusstsein menschlicher Endlichkeit gleichen dem der Erwachsenen. In Trauersituationen orientieren sie sich überwiegend an Gleichaltrigen. In altersgemäßer Faszination für Grenzerfahrungen setzen sich Jugendliche oftmals unvoreingenommener und auch risikobereiter mit Todessehnsucht und Todeskult auseinander.

Kinder wollen es wissen!

Kinder möchten sowohl etwas über die biologischen und medizinischen Gegebenheiten des Todes wissen als auch über Sitten und Gebräuche beim Umgang mit Verstorbenen. »Warum werfen sie Dreck auf den Sarg?« – »Warum bekommt der Opa so viele Blumen?« – »Erstickt der Opa nicht, wenn er im Sarg ist?« – »Warum wird die Oma verbrannt?« Wichtig ist zu erklären: Tote brauchen nicht mehr zu atmen und zu essen. Kinder wollen wissen, woran jemand gestorben ist. Am besten ist es zu erklären, dass es eine schwere Krankheit war, keine Erkältung oder Grippe.

Viele Fragen drücken die Sorge des Kindes um die eigene Zukunft aus: »Wirst du auch eines Tages sterben?« – »Werde ich auch sterben?« Statt: »Wir sterben, wenn wir ganz alt sind«, wäre möglich: »Wir werden hoffentlich noch lange für dich da sein, und eines Tages sterben wir auch.«

Auch die ehrliche Antwort, dass Kinder genauso sterben können, gehört dazu, ebenso wie die Hoffnung: »Ich denke, du stirbst noch lange nicht, wir wollen doch noch viel machen.«

Bei vielen Antworten ist es günstig zu sagen: »So stelle ich mir das vor.«

Es ist nicht sinnvoll, nur im Zusammenhang mit Tod oder mit dem, was wir nicht erklären können, von Gott oder einseitig nur vom »lieben« Gott zu reden: »Warum nimmt er uns den Papa, den Opa weg, wenn er lieb ist?« Welche Antwort haben wir darauf?

Auch wir dürfen Enttäuschung, Zweifel, offene Fragen zulassen, doch auch von unseren eigenen Hoffnungen und unserer Zuversicht erzählen.

Begleitung und Unterstützung von trauernden Kindern

Es ist leichter, mit Tod und Sterben umzugehen, wenn dem Kind beides schon etwas vertraut ist, bevor ein naher Angehöriger stirbt. Hilfreich ist auch, wenn das Kind schon ein paar Rituale kennt und versteht, beispielsweise eine Beerdigung.

Wir können Kinder vorsichtig heranführen, vielleicht wenn ein entfernter Verwandter gestorben ist, darüber sprechen, zur Beerdigung mitnehmen, über ein Unglück reden, Bilder/Alben anschauen, sie behutsam in den Kontakt zu einem Schwerkranken einbeziehen.

Im Falle eines Todes ist es leichter, die Endgültigkeit zu akzeptieren, wenn das Kind – und wir – den Toten sehen, ihn begreifen dürfen und uns von ihm verabschieden können.

Hilfreich sind kleine Rituale, die den Übergang in die veränderte Situation erleichtern. Das Kind übernimmt Aufgaben und bestimmt mit; es bekommt auch Privilegien beispielsweise bestimmt es, wer auf Papas Stuhl sitzt. Der Alltagsrhythmus wird gemeinsam neu angepasst, ein Erinnerungstisch wird liebevoll gestaltet.

Unerledigtes und Belastendes kann beispielsweise mit einem kleinen Schiffchen dem Fluss übergeben werden; wichtige Botschaften, Wünsche steigen mit einem Ballon in den Himmel und für kostbare Erinnerungsstücke lässt sich eine besondere Schatztruhe anlegen.

In dieser Ausnahmesituation braucht das Kind einerseits die Sicherheit des Vertrauten und andererseits Ausnahmeregelungen, einen Freiraum in der schweren Zeit.

Jede Einseitigkeit sollte vermieden werden. Neben der belasteten Situation zählt auch, dass das Leben weitergeht. Es muss auch Raum sein, damit das Kind vom Spiel mit seinen Spielkameraden erzählen kann.

Neben Tränen muss auch Raum für Freude oder ein kindliches Lachen sein!

Kindliche »versteckte« Trauerreaktionen

- Körperliche Beschwerden: Bauch-, Kopfweh, krank sein;

- Appetitlosigkeit, Gewichtsverlust, schlechter Schlaf;

- Schock: Verleugnen, dass sich was geändert hat, so tun, als sei nichts geschehen;

- Aggression, Abwehr, Zorn; das Kind ist wütend, weil es im Stich gelassen wurde;

- Umkehr der Gefühle: übertriebene Fröhlichkeit, Verzweiflung wird überspielt;

- Idealisieren des Verlorenen: »er/es war besser als alle anderen«;

- Ängste, Schuldgefühle: »Vielleicht habe ich dem andern etwas Schlechtes gewünscht?«;

- Angst, dass noch jemand Wichtiger sterben könnte;

- Regression: Kuscheltier, Schnuller, Elternbett suchen;

- Angst, allein zu sein, Angst vor Dunkelheit;

- Lernhemmung, Konzentrationsstörung;

- Rückzug, das Kind wird still und schweigsam;

- Übernahme von Verhaltensweisen des Abwesenden;

- Übergangsobjekte (Kleidung, Tier) sind besonders wichtig und werden mit Liebe behandelt;

- Reife, weit über das Alter hinaus.

Wir dürfen keine Zensur vornehmen und sollten jede Art, wie sich Trauer bei Kindern und Jugendlichen ausdrückt, zulassen, sie nicht drängen und überfordern.

Trauer verläuft auch bei Kindern in Schüben und eigenen Rhythmen; mal scheint es, sie wären über den Berg, dann kommt ein herber Rückschlag.

Alles, was den Ausdruck der Trauer fördert, ist sehr wichtig:

● Neben dem direkten Gespräch drücken Kinder ihre Sorgen, besonders bei eigener schwerer Krankheit oft auch indirekt, verschlüsselt aus, zum Beispiel in Bildern, Rollenspielen Träumen, Geschichten, Märchen.

● Auch der kreative Ausdruck im Zeichnen, Malen und Modellieren hilft, belastende Gefühle aufzuarbeiten. Wir sollten hier besonders auf folgende Hinweise achten: Die Darstellungen werden immer farbloser und düsterer, es werden verwelkte Blumen oder eine weinende Sonne gemalt.

Wenn Vater, Mutter, Bruder oder Schwester sterben

Soweit wie möglich kann ein Kind altersgemäß in die Pflege oder Versorgung eines Schwerkranken mit einbezogen werden. Das kann den Abschied erleichtern. Gerade bei längeren Krankheiten ist meist die Zeit vor dem Tod schon sehr belastend.

»Trauernde Geschwister sind immer vielfache Verlierer«, berichtete uns eine junge Frau, »heute denke ich, mit dem Unfall meiner Schwester war meine Kindheit schlagartig vorbei. Unsere Familie gab es nicht mehr wie bisher. Ich habe neben meiner Schwester auch die gewohnte Lebenssicherheit und die Aufmerksamkeit der Eltern verloren!« Als gesundes Kind fühlte sie sich unwichtig, zeitweise ungeliebt.

Eine Vertrauensperson, die die Familie gut kennt, kann jetzt eine große Hilfe sein, denn auch das gesunde Kind braucht Ruhe, Zuwendung und die Zusicherung, dass diese schwierige Zeit vorbeigehen wird und auch die Eltern wieder lachen werden!

Weitere große Veränderungen, wie Umzug und Schulwechsel sollten, wenn möglich, in Wendezeiten vermieden werden.

Am schwersten ist die Hilfestellung, wenn Kinder einen Eltern- oder Geschwisterteil ganz unvorbereitet oder gar durch Gewalt oder Selbstmord verlieren. Hier ist besonders viel Geduld und Zuwendung, aber auch fachlich kompetente Hilfe nötig. In einer derart einschneidenden Umbruchsituation sind intensive Begleitmaßnahmen und therapeutische Unterstützung notwendig. Hierauf näher einzugehen, würde den Rahmen dieses Buches sprengen. Doch wir möchten an dieser Stelle gerne auf Ansprechpartner wie die Organisation »Verwaiste Eltern« (siehe Anhang) verweisen, bei denen Sie fachliche und menschliche Hilfe finden.

Jedes Ende birgt den Keim für einen neuen Anfang

Den vielfältigen Einflussfaktoren und der Komplexität des Phänomens Trauer haben wir einen breiten Raum gewidmet, um die Notwendigkeit individueller Verarbeitung aufzuzeigen. Richten wir nun unser Augenmerk auf die praktische Umsetzung:

Wie lässt sich ein »guter« Trauerweg gestalten – vom Ende zum neuen Anfang? Welcher Weg führt durch das Dunkel der Nacht zu einem neuen Tag? Nicht leicht, »easy«, wird dieser Weg zu gehen sein. Doch sicher, zuverlässig wird er uns dem Tag, neuen Erfahrungen entgegen führen.

Unser Konzept bezieht aktuelle Erfahrungen wissenschaftlicher Trauer-Forschung, bewährte Verarbeitungsmodelle und ethnologische Untersuchungen ein.

Jorgos Canacakis stützte sich bei der Entwicklung seines »Myromai-Trauerumwandlungsmodells« auf Beobachtungen in Mani, Griechenland, wo es auch heute noch einige wenige »Klagefrauen« gibt und beschreibt Halt gebende Formen und Rituale in der dortigen Gemeinschaft. Er macht darauf aufmerksam, dass in dieser Region nach Todesfällen deutlich weniger Krankheiten und psychosomatische Störungen auftreten, und dass diese Stabilität sich verliert, wenn die Menschen von dort weggehen, die Tradition der gemeinschaftlichen Trauerbräuche aufgeben.

Eine ausgeprägte Trauerkultur findet sich bis heute in Rumänien. Der Theologe und Völkerkundler Ingo Sperl hat seine

**Wesentliche Stützen und Ressourcen
eines konstruktiven Trauerweges**

– Bewusst Abschied nehmen.

– Festen Boden gewinnen, das Ich stabilisieren.

– Das Unfassbare fassbar machen – das kreative Potenzial nutzen.

– Über die Sinne zu Sinn finden.

– Im Chaos Struktur erfahren – Rituale.

– Gemeinschaft erleben – Resonanz finden.

Doktorarbeit diesen Totenklagen gewidmet. Ein Beispiel dazu finden Sie im Kapitel »Das Unfassbare fassbar machen – das kreative Potenzial nutzen« (S. 146 ff.).

Ein wichtiges Anliegen dieses Buches ist es, Mut zu machen! Mut, neue Handlungsräume zu entdecken und dabei eigene Formen zu entwickeln und nicht fremde Bräuche zu imitieren. Um den Wandlungsprozess ganzheitlich zu unterstützen, beziehen wir den Körper bewusst ein und sprechen alle Sinne an. Die Auseinandersetzung mit Kreativität und Kunst, der ausgedrückte Weltschmerz ebenso wie »das Schöne« spielen eine tragende Rolle. Vorbilder aus Literatur, Malerei oder Bildhauerei, Theater oder Musik, aber auch das Schauspiel der Natur können uns dabei anregen. Der eher passive und anteilnehmende Part des Anhörens, Zuschauens oder Zuhörens wechselt mit aktiven Phasen des eigenen kreativen Ausdrucks und eigenem gestaltendem Tun.

Diesen wichtigen Aspekten gehen wir in den folgenden Kapiteln nach.

Die dabei zu bewältigende Lebensaufgabe heißt, sich in dieser Welt neu zu orientieren – die alten Handlungsmuster und Gewohnheiten »passen« nicht mehr. Begleitete Trauerarbeit gewährt einen geschützten Rahmen und eröffnet neue Spielräume. Wie auf einer Bühne wird das neue »Stück Lebensweg«, die eigene neue Rolle eingeübt und wir werden zunehmend souveräner. Wenn wir wieder Stabilität gewonnen haben, können wir unsere Schritte auch außerhalb des geschützten Raumes wagen. Der Begleiter ist wie ein Regisseur, der einen äußeren Rahmen vorgibt, auf Strukturen achtet, Emotionen ermöglicht, Energien bündelt, die Fortschritte benennt und markiert. Der Zeitrahmen und der Ablauf sind flexibel, das »Stück« wird nicht bewertet!

Diese Struktur gibt Sicherheit, sie hilft, sich zunehmend aus dem festen Griff der Trauer und des Vergangenen zu lösen und die Gegenwart ebenso wie die Zukunft wieder in den Blick zu nehmen. Symbolische Handlungen und kleine Rituale verstärken diese strukturierenden und haltgebenden Aspekte und haben weit über die unmittelbare Erfahrung hinausreichende stützende Kraft! Ich kann im geschützten Raum Neues wagen oder etwas nachholen, wofür in der Realität kein geeigneter Raum vorhanden ist oder war. Ich kann einen Abschiedsbrief schreiben, dem anderen noch etwas Klärendes oder Liebevolles sagen!

Der Begleiter – oder die Mitmenschen – übernimmt dabei die wichtige Rolle eines Zeugen: Ich sehe und bestätige es. Dies bekräftigt den individuellen Entwicklungsschritt oder den Wandlungsprozess. Die berechtigten Gefühle können in all ihren Facetten Ausdruck finden, sie werden anerkannt und die erschütterte und vielleicht in Frage gestellte Identität kann sich wieder stabilisieren und weiterentwickeln. Gleichzeitig entsteht eine Solidargemeinschaft, ein neues tragfähiges Netz.

B

**Leitgedanken für den Trauerprozess,
die untertützen**

- ohne den geliebten Menschen, ohne das verlorene Gut neue, angemessene Lebensentwürfe gestalten zu können;
- die persönliche Identität wiederzufinden und
- den Verlust versöhnlich in die eigene Biografie zu integrieren.

Die Umsetzung dieser Leitgedanken setzt folgende Teilschritte voraus:

1. Die Anerkennung des Geschehenen (vom Verleugnen als Schutzfunktion zur Gewissheit, dass es so ist).
2. Auslösen statt Auflösen (nicht bewältigen, sondern in Fluss bringen hin zum Schmerz, hin zur Erinnerung ...).
3. Die eigene Trauer erleben, die eigenen Gefühle wahrnehmen (auch unangenehme wie Neid, Wut ...). Sich der Trauer bewusst werden und auch mit ihr umgehen lernen.
4. Sich Lösen von der Vergangenheit, das heißt sich auch aus der »Befangenschaft des Vergangenen« lösen: das Vergangene/Verstorbene verliert die Macht über das Gegenwärtige/Lebendige.
5. Das Vermächtnis aufgreifen: Welche Spuren sind da, welche Spuren bleiben? Was hat der andere aus mir »herausgeliebt«?
6. Eigene Kräfte (re-)aktivieren: eventuell verschüttete Ressourcen beleben.
7. Integration mit offenem Ende: Trauer ist nie ganz abgeschlossen.

(Nach: Jochen Jülicher, Es wird alles wieder gut)

Vorhang auf für die Bühne des Lebens

Keine leichte Aufgabe, die da auf uns wartet! Wir wissen nicht, ob wir die Herausforderung schaffen und wie es ausgehen wird.

Mit unseren Fallbeispielen wollen wir Mut machen und konkrete Einblicke geben, wie solch schwere Wege gelingen können und anderen auch gelungen sind! Wir wollen vermitteln, wie lebendig, geradezu sinnlich, uns im Kern unseres Menschseins ansprechend, aber auch aufrüttelnd es sein kann, wenn wir uns der Trauer stellen.

Die Vielfalt ist groß, jeder Weg ist individuell und nicht ohne Weiteres übertragbar!

❏ *Wir laden Sie ein, sich vorzustellen, dass Ihre derzeitige Lebensgeschichte, das, was Sie zur Zeit erleben, auf Ihrer eigenen »Lebensbühne« spielt.*

Als Begleitende ist unsere eigene Rolle klar, auch, wenn wir den Verlauf der Geschichte noch nicht kennen. Einladend waren die Titel, die eine Weiterbildungsgruppe für Trauerbegleitung fand: »Trotz alledem!« »Zimmer mit Aussicht« »Ich bin für dich da – heute!«

Als Betroffene fühlen wir uns vielleicht hilflos oder überfordert, haben das Gefühl, dass wir in einem Stück mitspielen müssen, das wir nicht auswählen konnten! Wie könnte »unser Stück« heißen, was ist unsere Rolle darin?

Ist »unsere Geschichte« in der Realität anzusiedeln oder scheint es wie eine Fiktion? Finden wir noch Elemente einer »Liebesgeschichte« darin oder nur noch dramatische Züge? Führt jemand Regie oder regiert das Chaos? Es ist nicht einfach, direkt auf der Bühne im Scheinwerferlicht zu stehen. Nie durften wir proben, wir müssen improvisieren.

Die Handlung springt immer wieder zwischen gestern und morgen. Doch bisweilen scheint alles bedrohlich still zu stehen. Wie gehen die anderen »Mitspieler« mit uns um? Bekommen wir den Raum, der uns zusteht? Würden wir lieber eine andere Rolle spielen oder gar nicht »dabei« sein? Sind Zuschauer da, die uns beobachten?

Vielleicht zwingt uns diese Rolle zu Emotionen, die uns peinlich sind, oder wir empfinden Schuld oder Schamgefühle, kommen uns wie nackt vor. Meist würden wir es gerne »schnell über die Bühne bringen«.

Wir wissen nur eines ganz sicher, irgendwie muss es weitergehen! Und wir wissen auch, dass wir es hätten besser machen können, wenn man uns Zeit zum Vorbereiten gegeben hätte!

Vielleicht hilft so ein kleiner »Ausstieg«, um die eigene Situation auch von außen zu sehen! Wir sollten weniger streng mit uns sein, denn wir konnten »diesen Ernstfall« nicht proben. So ist nicht alles optimal gelaufen und wir haben Fehler gemacht! Und die anderen auch! Vielleicht haben wir uns »gedrückt«, wichtige Hinweise übersehen oder nicht ernst genommen? Wir haben nie daran gedacht, dass uns diese Rolle jemals zufallen würde! Vielleicht waren wir sicher, dass »es« gut ausgeht und sind enttäuscht!

Auch dann möchten wir Sie inspirieren und ermutigen, die eine oder andere der folgenden Anregungen umzusetzen und neue Schritt zu wagen!

Den Begleitenden kann dieser Blick helfen, von außen die Dramatik, die Verstrickungen zu sehen und angemessen zu intervenieren. Wir tragen Mitverantwortung dafür, dass »diese Lebensgeschichte« nicht dauerhaft stehen bleibt oder »zurück in die Vergangenheit« gerichtet spielt! Wir haben einen großen und klar zu benennenden Vorteil: Wir haben die Freiheit abzulehnen. Wir dürfen uns ganz oder zeitweise herausnehmen aus dem Prozess. Wir dürfen eine Begleitung auch ablehnen. Nicht jede/r kann jede/n begleiten – sei es als Freund oder professionell. Es reicht nicht aus, sich zum Helfen berufen zu fühlen!

Indem wir diese »Lebensgeschichten« immer wieder in ihrer Einmaligkeit und Besonderheit mit verfolgen dürfen, können wir eine vorausschauende Perspektive entwickeln, wie es zu einem guten Fortgang der Geschichte, zu einem guten Ende kommen kann. Daraus können wir Folgerungen ableiten und Impulse geben, ohne die anderen zu Marionetten werden zu lassen!

Wir dürfen keine vorgefertigten Lösungen anbieten, dürfen und müssen improvisieren und aushalten, dass wir »das Stück« nicht in unseren Händen halten!

»Es ist nicht das Ziel einer wie immer gearteten Trauerbegleitung, dem Trauernden seine Trauer zu nehmen, sein Traurig-Sein aufzulösen, ihn zu vertrösten! Die Trauerarbeit ist vom Trauernden in der für ihn richtigen Zeitspanne selbst zu leisten und je nach seinen Möglichkeiten individuell zu gestalten.« (Specht-Tomann, *Zeit des Abschieds*)

In jedem Fall sind Neugier und Spontaneität, eigene Kreativität und das Einbringen der eigenen Ressourcen und Kompetenzen gefragt, um wohlwollend die verschiedenen Anregungen zu »prüfen« und sie der individuellen Situation und der jeweiligen Begleitung anzupassen.

Auch dann, wenn Ihnen Begleitende nicht zur Seite stehen: Sie können sich selbst verständnisvoll begleiten und den Mut aufbringen, neue Schritte zu wagen!

Gehen wir nun erste Schritte zum »Guten Ende«.

Bewusst Abschied nehmen

Wie Lied und Literatur uns ermutigen

Der weitere Lebensweg ohne den anderen oder das Kostbare, das wir verloren haben, ist nicht möglich, wenn wir nicht bewusst Abschied nehmen! Das heißt, wir nehmen auch etwas, bekommen etwas! Was können wir dabei lernen, was ist förderlich für einen guten Abschied?

Es ist hilfreich, wenn wir uns nicht erst in der schon angespannten Situation des unmittelbar bevorstehenden Abschieds damit beschäftigen, sondern diese Auseinandersetzung als Lebensaufgabe erkennen: uns der eigenen Vergänglichkeit und der »Geliehenheit« all dessen, was uns umgibt – seien es nahe Beziehungen, Fähigkeiten, materielle Besitztümer – immer wieder bewusst zu werden. Alles ist nur Leihgabe, uns zugeordnet oder erworben, um unsere Lebensaufgabe erfüllen zu können, wie dies das folgende Gedicht ausdrückt:

Nur geborgt

Was wir besitzen,
ist nur geborgt:
worin wir wohnen,
was wir haben,
wer wir sind.
Die wir lieben,
sind nur geborgt.
Wann sie gehen,
entscheiden wir nicht.
Wir entscheiden,
ob wir die Erinnerung
als Geschenk annehmen wollen.

Renate Salzbrenner

Wir betrachten Angehörige gerne als Besitz und dennoch sind sie nicht unser Eigentum, auch wenn wir von »mein Mann« oder »meine Kinder« sprechen!
»Eure Kinder sind nicht eure Kinder, sie sind Ausdruck der Sehnsucht des Lebens nach sich selbst«, schreibt Kahlil Gibran in *Der Prophet.*

Immer wieder einmal innezuhalten, um Zwischenbilanz zu ziehen, also »abschiedlich« zu leben, heißt gerade nicht in permanenter Bedrohung, Angst und Schwermut zu leben, sondern in Anerkennung der Zerbrechlichkeit uns auch der Besonderheit und Kostbarkeit des Gegenwärtigen zu erinnern, ganz im Sinne von Andreas Gryphius.

Mein sind die Jahre nicht,
die mir die Zeit genommen.
Mein sind die Jahre nicht,
die etwa möchten kommen.
Der Augenblick ist mein.
Und nehm ich den in Acht,
so ist der mein,
der Jahr und Ewigkeit gemacht.

Andreas Gryphius

Die Wertschätzung des momentanen Augenblicks schärft auch unsere Wahrnehmung für den »rechten« Augenblick, also für den stimmigen Zeitpunkt, Tiefergehendes wie »die Wahrheit« anzusprechen !

Nicht immer finden wir diesen rechten Zeitpunkt, weil wir in der Hektik des Alltäglichen insbesondere das, was uns nicht so vertraut ist oder schwer fällt – wie Abschied nehmen –,immer wieder auf morgen verschieben!

In ihrem Buch *Ach wie gut, dass jemand weiß* … nutzt Karin E. Leiter ein kurzes Märchen aus Kurdistan, um über die »Grausamkeit des Verschonens « zu schreiben.

Die Liebe zum Pferd

Es war einmal ein Bauer, der hatte ein Pferd.
Er liebte sein Pferd über alle Maßen. Eines Tages
wollte der Bauer mit seiner Ernte zum Basar in die
Stadt, um dort alles zu verkaufen. Er schnürte die
Säcke und stopfte die Körbe voll und lud alles auf
seine Schultern. Dann stieg er auf sein Pferd und ritt
in die Stadt.
Auf seinem Weg begegnete ihm ein Wanderer.
Der staunte nicht schlecht, als er den Bauern sah,
zwischen Lastenkörben und Pferd halb erdrückt.
»Väterchen, warum nur hast du alles auf deine
Schultern geladen?«, fragte der Wanderer den Bauern.
»Ich liebe mein Pferd so sehr«, sagte der Bauer,
»es soll nicht so eine schwere Last tragen!«

Mit diesem Märchen gelang es, die Sprachlosigkeit einer Ehefrau zu wandeln. Sie verharrte schweigend am Bett des sterbenden Mannes in der Absicht, ihn schonen zu wollen; sie konnte sich nun auf ein gemeinsames Gespräch über den anstehenden Abschied einlassen. Wenn wir auch in Trauergruppen oder in Einzelgesprächen meistens die Situation so antreffen, dass der eine bereits gegangen, der Verlust bereits eingetreten ist, so hilft diese Geschichte, noch einmal den Blick auf die eigene Last, die man getragen hat, zu werfen. Selbstkritisch müssen wir auch hinterfragen, ob oder wie wir mit mehr Offenheit die beiderseitige Last hätten erleichtern können? Diese Fragen rüsten uns somit auch für künftige Abschiede!

Wenn wir uns daran ein Beispiel nehmen, dann müssen wir uns ein Herz fassen, das Anstehende in den Blick nehmen, aussprechen und ansprechen! Wie wir gesehen haben, ist Vermeiden- oder Verschonen-Wollen keine Lösung und heißt gleichzeitig, diese Last dem anderen zu überlassen. Offenheit und im Kontakt oder im Gespräch bleiben tut also Not und ist Voraussetzung für bewusstes Abschiednehmen! Und neben dem rechten Zeitpunkt und dem nötigen Mut, die zu klärenden Dinge anzusprechen, benötigen wir auch Geduld und Zeit. Denn der Abschiedsweg hat mehrere Stationen, er will überlegt und gestaltet sein.

❒ *Förderliche Fragen zur gemeinsamen Abschieds-Gestaltung*

- *Was wollen wir noch gemeinsam erledigen, gestalten?*
- *Welchen Part übernimmt jeder Einzelne?*
- *Wo brauche ich klare Struktur, wo soll Raum für Spontaneität sein?*
- *Wollen wir ein Fest gestalten oder in einem stillen Rahmen Abschied nehmen?*
- *Wer soll dabei sein? Welche Funktion haben diese Personen?*
- *Welche äußere Form ist stimmig, was könnte es als Abschiedsessen geben? Wie könnte der Abschiedsgruß aussehen?*
- *Was möchte ich dir übergeben, hinterlassen? Was will ich mitnehmen, um gut gehen zu können?*
- *Wie kann ich auch über eine große Entfernung hinweg, in einer anderen Kultur, mir Wichtiges beibehalten? Was oder wer kann mich dabei unterstützen?*
- *Wie kann ich mit Arbeitskollegen in Kontakt bleiben nach einem Arbeitsplatzwechsel?*
- *Wie will ich den Auszug der Kinder, den Abschied vom Berufsleben und Eintritt in den Ruhestand gestalten?*

Wollen wir Nahestehende einbeziehen, gilt es, deren Bedürfnisse gleichermaßen zu berücksichtigen.

Aus der Erfahrung als Hospizhelferin sei eingebracht, dass Sterbende auch gerne eine Symbolsprache benutzen, um das Unaussprechliche in Worte zu bringen. So suchte ein Mann, der keineswegs »verwirrt« war, wie es seine Familie empfand, unruhig seine Papiere, da er sich auf eine Reise begeben müsse! Im (leider vergriffenen) Buch *Mit Würde aus dem Leben gehen* von M. Callanan und P. Kelley ist dieses Phänomen beschrieben, auch, dass dabei gerne Bilder aus dem Bereich des Berufs oder eines Hobbys gewählt werden, ebenso Beispiele, wo der Austausch über das bevorstehende Ende »nur« mit den Menschen erfolgte, die diese Bildersprache aufnahmen, ansonsten wurde getan, »als ob nichts Besonderes wäre«! Ein im Sterben liegender Architekt war höchst angespannt – er müsse noch einen Plan fertig machen! Über dieses Bild von seinem »letzten Haus« nahm er Abschied!

Vielleicht hat der andere seinen Abschied bereits genommen, ist für immer gegangen, doch der eigene Abschied ist nicht wirklich genommen. Etwas Wesentliches ist vielleicht offen geblieben, unausgesprochen. Dann gilt es, dies nachzuholen. Sei es eine vertraute Person, der gegenüber ich diese Dinge noch einmal benennen möchte, oder ein Abschiedsbrief, den wir uns gleichsam von der Seele schreiben und der gar nicht zum Abschicken gedacht sein muss, oder ein kleines Ritual. Dies kann helfen das »Unvollendete« ein Stück weit abzurunden und Klärung zu bringen.

In seinem Buch *Es wird alles wieder gut, aber nie mehr wie vorher* interpretiert Jochen Jülicher das Gedicht *Abschied* und zeigt sehr einfühlsam die unterschiedlichen Phasen und notwendigen Schritte dieses bewussten Abschied-Nehmens auf.

Abschied

Komm, bring mich noch zum Bahnhof
und sage mir adieu
die Treppe steigt so angsterregend hoch
drum lass mich nicht allein und geh
nicht fort, bevor ich eingestiegen bin
wink mir noch nach, bis der Zug entschwindet,
versprich es mir
bei allem, was uns zwei verbindet
– voll Sentiment und Wehmut ist mein Sinn –
erst wenn ich eine Weile fort bin
dreh dich um und geh
geh still nach Haus, versunken und gefangen
und denk an das, was nun vergangen
an uns und unser Glück
an unser Leben
dann raff dich auf und sichte fein
behutsam, was ich dir gelassen
ich werd dabei im Geist noch um dich sein
erst nach und nach entschweben
und wohl auch verblassen
doch lass ich dich getröstet dann zurück

Du wirst es schaffen, glaube mir
warst immer stark und hast mir Kraft gegeben
hab dank, die Zeit war gut mit dir
doch nun adieu – und du sollst leben

D. Schäfer/W. Knubben

Jochen Jülicher deutet: »Da muss einer gehen und der andere wird eingeladen mitzukommen, ihn nicht allein zu lassen, gemeinsam die noch angsterregende Treppe hochzuklettern, die wichtige Nähe an diesem Ort und Zeitpunkt des Abschieds mit auszuhalten! Unaufhaltsam muss der eine in den Zug steigen und der andere muss ihn gehen lassen. Wir haben keine Wahl: Wir müssen loslassen!«

Hier wird auch der doppelte Sinn des Loslassens deutlich: Ich halte nicht fest und klammere nicht, ich öffne meine Hände und lasse den anderen los. Und auch: Ich lasse dem anderen das eigene Los! Ich lasse ihn den gewählten oder vorbestimmten Weg gehen!

Folgen wir der Interpretation weiter:

»Ich winke und bleibe dabei in Verbindung, spüre, wie es mir jetzt allein an diesem Ort geht. Erst dann wende ich meine Schritte nach Hause, noch ganz gefangen von dem Geschehenen. Ich erinnere mich an das, was gewesen war: Ja, das ist kein Traum, das ist die Realität.

Mühsam muss ich sichten, was der andere mir zurückgelassen hat. Erst wenn ich wirklich losgelassen habe, kann ich auch meinen Blick öffnen für das, was geblieben ist! Erst allmählich verblasst mein Bild! Die eigene Gegenwart gewinnt an Raum und darin liegt auch etwas Tröstliches! Und – ganz allmählich – kommt Dankbarkeit auf. Die Zeit war gut mit Dir!

Nun erst ist die Zeit reif, dass auch ich meinen Abschied nehme: Ich sage Adieu! Erst dann richte ich meine Schritte wieder in die Zukunft: und du sollst leben!«

In dem Gedicht Abschied geht es um einen endgültigen Abschied, was fraglos der tiefstgehende Einschnitt ist. Aber auch bei vorübergehenden Trennungen müssen wir uns etlichen der vorgenannten Herausforderungen stellen.

Untersuchen wir nun noch ein Lied zum Thema Abschied, das uns allen vermutlich aus Kindertagen bekannt ist.

»Hänschen klein« oder
»Wie wird Hänschen zum Hans?«

In seinem Buch *Die Kunst, erwachsen zu sein* schreibt Viktor Chu: »›Weggehen und Zurückkehren‹ gehört zu den natürlichen Bewegungen des Kindes. Und die Eltern sollten dem heranwachsenden Kind vermitteln: ›Die Tür ist offen!‹ Es kann und darf also gehen und zurückkommen! Die Eltern haben Vertrauen, dass das Kind seinen Weg schaffen wird und auch sie sind fähig, ihr eigenes Leben zufrieden zu gestalten!«

Das populäre Kinderlied *Hänschen klein* nimmt diesen Appell auf. Jedoch bürdet die uns meist bekanntere Version die Hauptverantwortung dem Kinde auf, schreibt Chu: »Aber Mutter weinet sehr, hat ja nun kein Hänschen mehr; da besinnt sich das Kind, eilet heim geschwind!«

Das Kind muss eigene Interessen zurückstellen, um den Schmerz der Mutter zu stillen!

Viktor Chu resümiert, dass wir »wohl alle auch den Wunsch haben, in die Sicherheit des mütterlichen Schoßes zurückzukehren. Aber wir müssen die Schwelle hinaus in die Welt übertreten, sonst wird aus Hänschen kein erwachsener Hans! Wir müssen uns den Ängsten stellen, wenn wir den eigenen Weg finden wollen!« Eine sehr viel ältere Version dieses Liedes zeigt, wie die Mutter diesen so wichtigen Ablöseprozess unterstützen kann:

»Wünsch dir Glück, sagt ihr Blick, kehr nur bald zurück!«

Dieser Abschieds-Segen »Ich lasse dich ziehen, geh deinen Weg! Adieu – bei Gott!« drückt ihr Einverständnis aus, übergibt das Schicksal des Kindes einer höheren Macht oder in die eigene Verantwortung. Der Abschiedsschmerz hat ebenso wie die Sehnsucht nach dem Wiedersehen Platz. Doch der, der dableibt, begleitet den anderen mit liebevollen Gedanken. Und wie verhängnisvoll wäre es, wenn es ein Fluch wäre!

Diese »Abnabelung« zwischen Eltern und Kind gelingt, wenn auch dem Kind vermittelt wird, dass Mama und Papa alleine – ohne Kind – zurechtkommen, »selber groß« sind.

Selber groß
wie oft habe ich das von ihnen gehört
und nicht beachtet
jetzt ist es soweit
selber groß

wie werden sie damit fertig
die Kinder
die jetzt aus dem Haus gehen
selber groß

die Frage ist wohl
wie wird sie damit fertig
die Mutter
die jetzt zurückbleibt
ist sie auch
selber groß?

Hedi Winter

Wir sehen, wie sehr wir zu einer klaren inneren und ehrlichen Haltung aufgefordert sind, die mit Verschonen-Wollen und Geheimhaltung nicht vereinbar ist. Wobei Ehrlich-Sein sowohl beinhaltet, ehrlich zu uns zu sein, auch zu spüren, wo etwas über unsere Kräfte geht und gleichzeitig ehrlich gegenüber dem anderen zu sein, also zu beachten, was seiner Belastbarkeit entspricht. Über diese diffizile Aufgabe, insbesondere beim letzten Abschied, und das Ringen um Wahrheit am Krankenbett haben wir in dem Buch *Diagnose: Unheilbar. Mit der Wahrheit leben*, einen Beitrag aus dem Blickwinkel der Hinterbliebenen geschrieben. Ganz verkürzt können wir wiedergeben, dass sich Hinterbliebene im Nachhinein eher mehr Mut zur Offenheit gewünscht hätten, weil sie das Gefühl hatten, eine kostbare Zeit nicht genutzt zu haben und im Nachhinein spürten oder von anderen direkt erfuhren, wie bewusst dem Sterbenden das nahe Ende war! Zwar gibt es häufig Kritik daran, wie unsensibel »die Wahrheit« wie zum Beispiel eine Diagnose von Ärzten oder von andern aus dem Umfeld des Kranken ausgedrückt wurde. Den Vorwurf, selbst zu viel Wahrheit aus- oder angesprochen zu haben, machte uns gegenüber bisher niemand! Ein gutes Gefühl blieb immer dann zurück, wenn die Überzeugung bestand, »im Sinne des anderen« gehandelt zu haben!

Der letzte Abschied als Schlusspunkt des Lebens

Auch unser letzter Abschied, die eigene Bestattung, sollte in einer noch unbelasteten Situation bewusst angedacht werden. Wenn erst der »Ernstfall« bevorsteht oder sogar schon eingetreten ist, zeigt sich, dass viele Angehörige noch unter Schock oder wie unter Trance stehen und das Angebot der Bestatter »Wir erledigen alles für Sie« gerne in Anspruch nehmen. Erst im Nachhinein wird manchmal spürbar, dass man mehr Zeit und Zuspruch gebraucht hätte, das eine oder andere doch noch selbst in die Hände zu nehmen, wie auch unser folgendes Interview mit Elisabeth Berger verdeutlicht. Ein guter Abschluss, eine letzte Tat wirkt sich langfristig heilsam auf den Trauerprozess aus.

Auch wenn auf den ersten Blick die eine oder andere Frage zunächst Abwehr hervorrufen mag, so wissen wir auch, dass diffuse Ängste großes Unheil bewirken und das bewusste Ansprechen angstreduzierend ist.

❐ *Nicht erst am Lebensende sollten wir uns den folgenden Fragen stellen:*

– *Wie stelle ich mir mein Lebensende vor?*
– *Wer sollte bei mir sein, will ich allein sein?*
– *In welcher Umgebung kann ich mir mein Sterben vorstellen, zu Hause, in einem Hospiz?*
– *Was soll auf meinem Grabstein stehen? Welche Musik wünsche ich mir?*
– *Welche Personen sollten dabei sein?*
– *Was würde ich in meiner Grabrede gerne erwähnt wissen?*
– *Wem möchte ich persönliche Dinge aus meinem Nachlass widmen?*

»Individueller Abschied statt Vorsorgepaket«

Interview mit Elisabeth Berger, Leiterin von AETAS Lebens- und Trauerkultur in München:

Frage:
Was hat Sie bewogen, ein alternatives Angebot auf dem großen Bestattungsmarkt anzubieten? Was ist das Besondere an Ihrem Angebot?

Elisabeth Berger:
Wir sind kein Bestattungsinstitut, das ein Defizit abdecken will, sondern wir nennen uns »Institut für Lebens- und Trauerkultur«. Unser Angebot richtet sich an Menschen in den verschiedenen Übergangssituationen und orientiert sich daran, was Menschen in dieser Situation gut tun kann. Auf Grund eigener Erfahrung sind wir zu diesem Ansatz gekommen.

Frage:
Mit welchen Wünschen, welchen Bedürfnissen kommen Kunden zu Ihnen?

Elisabeth Berger:
Wir stellen fest, dass viele Leute, die zu uns kommen, nicht wissen, was sie zum Beispiel im Rahmen einer Bestattung tun dürfen. Unseres Erachtens darf es nicht nur eine Bestattungspflicht geben. Wir plädieren für ein »Recht auf individuellen Abschied, individuelle Bestattung«.

Das erfordert viel Aufklärungsarbeit und mehr als einen Gesprächstermin.

Viele Menschen sind in der Verlustsituation anfangs unsicher und regelrecht »zerschmettert«. Sie lassen sich bereitwillig auf das »Rundum-Angebot« der Bestatter ein. Doch sie geben damit alles aus der Hand. Im Nachhinein zeigt sich oft, wie wünschenswert und heilsam aktive Beteiligung gewesen wäre.

Unser Anliegen ist es, sie in der »Hilfe zur Selbsthilfe« zu unterstützen: Statt eines festgelegten Katalogs üblicher Leistungen versuchen wir herauszufinden, wie dieser Abschied individuell stimmig gestaltet werden kann. Wir bauen auf die Kompetenz und Entscheidungsfähigkeit der Hinterbliebenen, auch in dieser belasteten Situation.

Auf diesen Ansatz bekommen wir sehr positive und anerkennende Rückmeldungen. Eine Mutter zeigte ihre große Dankbarkeit dafür, dass sie in der Abschiedszeremonie für ihren Sohn einiges selbst gestalten konnte.

In unseren Räumen achten wir auf eine Atmosphäre, die dem Trauernden Geborgenheit vermittelt, in der er sich geschützt fühlt und sich Zeit lassen kann. Wir sprechen in dieser Situation der »Bedarfsanalyse« alle seine Sinne an und unterstützen dadurch, dass er wirklich präsent ist und von anfänglicher Hilflosigkeit zu Klarheit kommt. Wir nehmen ihn ernst in seinen Gefühlen als Trauernder, aber auch in seiner Handlungskompetenz als Erwachsener, für den nicht andere entscheiden müssen.

Frage:

Was ist wichtig, damit die Bestattung für Hinterbliebene zu einem »guten Abschied« wird?

Elisabeth Berger:

Es ist sehr wichtig, dass die Angehörigen in alle Entscheidungen einbezogen sind und nichts über ihren Kopf hinweg vorschnell entschieden wird.

Wir begeben uns mit dem Kunden auf eine gemeinsame Ebene: Wir kommunizieren und vermitteln, dass mehr Zeit vorhanden ist, als gemeinhin angenommen wird. Entlastend ist es oft, wenn behördliche Gänge von uns übernommen werden. Außerdem zeigen wir auf, welche Gestaltungsfreiräume vorhanden sind: Ein Sarg kann bemalt werden (besonders wenn Kinder zu den Hinterbliebenen gehören), der Blumenschmuck, das Sargbukett, ebenso die Sterbebilder können unter Anleitung selbst gestaltet werden.

Diese Zeitspanne zwischen Tod und Beerdigung ist sehr entscheidend. Die Grunderfahrung: »Ich bin nicht ohnmächtig, sondern ich kann etwas tun!«, fördert auch langfristig die Lebenszuversicht. Wichtig ist auch die letzte Begegnung mit dem Verstorbenen: Waschen, anziehen oder auch »nur« eine kurze Berührung, ein Blick auf ihn. Diese Begegnung ist durchaus auch eine Konfrontation, sie hilft der Vergewisserung, dass der andere wirklich tot ist. Wir bestatten ja nicht einen Sarg, sondern einen Menschen.

Daher ist der übliche Rat: »Behalten Sie ihn besser lebendig in Erinnerung« nicht unbedingt hilfreich. Voraussetzung für lebendige Erinnerungen ist ein bewusster Abschied. Dazu gehört auch dieser letzte Eindruck, zu sehen und zu spüren, er ist starr und kalt. Auch Kinder können sich in dieser Situation versichern: Der Papa atmet nicht mehr.

Beim Tod von Frühgeborenen liegt die Besonderheit darin, dass wenig Erinnerungsstücke und wenig gemeinsame Erfahrungen da sind. Wir ermuntern die Eltern, im Rahmen der gesetzlichen Bestimmungen, die ein bis zwei Tage Zeit einräumen, noch einmal möglichst viel Zeit mit ihrem Kind zu verbringen, es kennen zu lernen, um es dann verabschieden zu können. Wir haben hier Abschiedsräume – abgeschottet von der Hektik draußen –, wo die Eltern wohltuend Ruhe und Getragen-Sein spüren. Sie können dann ganz konkret tätig werden, zum Beispiel einen Fuß- oder Handabdruck aus Ton anfertigen, einen Kindersarg aus Holz zimmern, die Innenausstattung gestalten, das Kind selbst einbetten. Die Liebe der Eltern hat so wieder ein Ziel.

Die Bestattungszeremonie selbst soll ebenfalls individuell gestaltet sein. Nicht pietätvolles Schwarz und getragene Musik stehen obenan, sondern eventuell helle, farbenfrohe Tücher, viele Kerzen, nach Möglichkeit »Live-Musik«, sei es vorgetragen oder ein gemeinsames Lied.

Frage:
Wie kann eine individuelle Bestattung sich langfristig positiv auf den Trauerprozess der Hinterbliebenen auswirken?

Elisabeth Berger:
Es trägt langfristig gesehen zu innerer Ruhe und Frieden bei, wenn Angehörige sagen können: Alles was uns wichtig war, konnten wir auch tun.

Die Trauer wird ruhiger und getragener. Diese bewusste Form des Abschieds wirkt sich nach meiner Erfahrung wie eine Prävention für das weitere Leben aus; denn wenn Sie dieses bewusst gestaltete Bild vom Abschied in sich tragen, können Sie später auf diese Erfahrung einer gut durchstandenen Erschütterung zurückgreifen. Unsere Psyche spricht auf solche Bilder stärker an als auf Worte.

Diese Auseinandersetzung, beispielsweise ein verstorbenes Kind aus dem Kühlhaus noch einmal hierher in unsere Räume zu einem Abschiedsritual bringen zu lassen, macht die Angehörigen stark.

Frage:

Wie beziehen Sie Kinder ein? Worauf gilt es besonders zu achten?

Elisabeth Berger:

Kinder werden immer einbezogen, denn kein Kind ist zu klein dafür. Allerdings sollte eine nahe Bezugsperson stabil sein, das heißt ein Erwachsener wird als Modell gebraucht, also sollte er nicht hemmungslos weinen und untröstlich sein. Hilfreich ist es, wenn dem Kind vermittelt wird, dass zwar Weinen gut, aber auch Lachen wieder möglich ist.

Wir sollten Kinder nicht zwingen mitzugehen, aber wir können sie bzw. die Eltern ermutigen, sie mitzunehmen. Wir können ihnen stützend zur Seite stehen. Im allgemeinen ist der Tod für Kinder nicht per se ein Schock.

Frage:

Wir alle vermeiden die Themen Trauer, Tod, Verluste. Und sicher geht keiner zum Bestatter ohne zwingenden Grund.

Was müsste sich Ihrer Erfahrung nach in unserer Gesellschaft ändern, damit diese Berührungsängste abgebaut werden?

Elisabeth Berger:

Im täglichen Leben sollten wir anstehende Abschiede bewusst gestalten und nicht von einem zum anderen hetzen.

Wenn ich eine Bilderausstellung zu Ende bringe, dann müssen die Wände zuerst wieder kahl sein, bevor es etwas Neues geben kann. Wir suchen zu schnell Ersatz für eine kaputte Puppe, ein Haustier. Ein bewusstes Leben im Hier und Jetzt ist wichtig, auch in den kleinen Dingen das Ende und den Neuanfang wahrnehmen. Wir stellen auch die Notwendigkeit von so genannten Vorsorgepaketen für den eigenen Tod in Frage. Wir erleben durchaus, dass Menschen bereit sind, sich Gedanken zu machen, wie ihr eigener Schlusspunkt gestaltet sein soll. Wir lassen in einem Gespräch noch einmal das Leben Revue passieren. So stellte eine ältere Dame bei dieser Gelegenheit fest, welch gutes Leben sie geführt hatte.

Dies führte dazu, dass sie für den Fall ihres Todes entschieden hat, dass ein Gospelchor ein stimmiger Abschluss für ihr Leben wäre.

Wir Menschen tragen nicht nur die Verantwortung für die eigene Lebenszeit, sondern sind auch aufgefordert, den Schlussakkord nicht an andere zu delegieren. Unser Anliegen ist es, dieses Bewusstsein zu fördern.

Festen Boden gewinnen, das Ich stabilisieren

Der Körper hilft uns, innezuhalten und zur eigenen Mitte zu finden

Es wäre aber eine Illusion zu glauben, dass ein bewusst gestalteter Abschied ausschließen oder verhindern würde, dass sich nach dem Weggang des anderen Gefühle von tiefer Erschütterung einstellen. Wir alle kennen den gravierenden Unterschied, wie es sich anfühlt, wenn ein geliebter Mensch nun tatsächlich weg ist. Die tiefe Leere wird oft erst nach einer gewissen Zeit spürbar. Wir wissen zwar vom Verstand her, was passiert ist, aber es dauert einige Zeit, bis dies auch zur inneren Gewissheit wird, bis wir die Endgültigkeit und Irreversibilität erkennen und feststellen, dass es sich nicht nur » um eine längere Reise« handelt. Was hilft dem, der an einem tiefen Abgrund steht, der gleichsam in ein Loch zu stürzen droht?

Wenn wir in diesem Bild bleiben, erkennen wir, wie sehr auch auf körperlicher Ebene Halt zu geben ist: Wie notwendig sind Hände, die einfach da sind, liebevoll schützend oder zupackend und stützend, nicht abwartend, bis man sich melden wird! Alles was beiträgt, ganz real den Boden wieder unter den Füßen zu spüren, ist hilfreich. Hinterbliebene müssen sich der Herausforderung stellen loszulassen: den Partner, die Vorstellungen von der gemeinsamen Zukunft und vieles mehr.

Doch loslassen kann nur, wer gehalten ist!

Hier sprechen wir die individuellen Ressourcen an, denn jeder Mensch hat ganz eigene Stärken! Wie bereits ausgeführt, werden alle Dimensionen des Menschseins von der Trauer betroffen, körperlich, seelisch, geistig, materiell, sozial.

Nicht alle Bereiche werden aber vom Verlust gleich stark betroffen und es heißt differenziert wahrzunehmen, was weniger beschädigt oder vielleicht heil geblieben, noch tragfähig ist oder ausgebaut werden kann.

Körperarbeit und Sensibilisierung für Körperempfindungen können helfen, denn alle Lebenserfahrungen werden im Körper abgespeichert und insbesondere das Unverarbeitete kann – somatisch oder psychosomatisch – zu Beschwerden oder Störungen führen. Viele Menschen erkranken an den Wendepunkten des Lebens, die Abwehrkräfte sind überfordert, eine angemessene Selbstversorgung ist nicht möglich, wir schaffen die Umstellung auf die neu zu erlernenden Lebenstechniken und die auf den Körper bezogenen Gewohnheiten meist nicht reibungslos. In Verfestigung, Starre und Blockaden finden sich Spuren alter nicht aufgearbeiteter Verdrängungen oder traumatischer Erlebnisse!

Bewusstes Atmen und in den Körper Hineinspüren, wo er durchlässig ist, wo es fließt, wo ich Blockaden spüre, Wärme,

Kälte, wo mein Herz rast oder scheinbar stillsteht, wo ich feuchte Hände bekomme oder einen trockenen Mund, das alles sind erste Schritte, um mich selbst in meiner Reaktion auf diese veränderte Situation kennen zu lernen und ernst zu nehmen. Es geht keinesfalls um Bewertung – so wie ich es gerade spüre, ist es richtig! Wenn ich mich selbst wichtig nehme, kann ich nächste Schritte in die noch unsichere Zukunft wagen.

Hier können wir in Gruppen oder Gesprächskreisen auf sehr gute Erfahrungen mit meditativen Tänzen zurückgreifen. Da sind Hände, die mich halten, die Schwingung nimmt mich mit, ich komme in Bewegung, finde meine Schritte auf einem vorgegebenen Weg, bewege mich um eine Mitte, kann mich auf mich konzentrieren und auch mitnehmen lassen von der Gemeinschaft.

Der Bachblütentanz *Ulme* aus Lettland von Anastasia Geng (*Schlüsselblume*) nimmt die Herausforderungen und verschiedenen Blickrichtungen des Trauerweges in seinen Bewegungen und Richtungswechseln beispielhaft auf: Ich wende mich rückwärts und gehe ein paar Schritte in die Vergangenheit; dann halte ich wiegend inne und bin ganz bei mir. Was steht jetzt an, was brauche ich für die nächsten Schritte? Dann gehe ich weiter, von der Gegenwart in die Zukunft und wieder innehalten und mich besinnen, ich komme zur Mitte und öffne mich für meine Kraftquellen, Sonne, Licht, die Kraft des Universums – göttliche Liebe. Dann gehe ich gestärkt wieder in die Gemeinschaft zurück. Dieser Rhythmus wiederholt sich von neuem. Es geht nicht um Leistung, um das Zählen von Schritten, sondern ich bin – ein Stück meines Weges – eingebunden in eine Gemeinschaft, ein größeres Ganzes, der Rhythmus, die Musik, die anderen nehmen mich mit, doch vor jedem Richtungswechsel kreise ich nur um mich!

Diese Aspekte am eigenen Körper wohltuend zu erfahren, stärken für den »ungeschützten« Alltag draußen und ich kann mich ihrer erinnern, das heißt Zeiten ganz für mich einplanen, nach Händen greifen, zu meinen Quellen gehen. Ich bekomme auch Rückmeldung, wie wichtig ich für die anderen bin, eine

Bestätigung, die im Alltag möglicherweise fehlt:»Wer fragt denn jetzt noch nach mir?«, ist ein Kummer vieler Trauernder.

Neben diesen angeleiteten Erfahrungen im Schonraum der Gruppe gehören auch die Anfragen des Alltags dazu, wie die gar nicht so selbstverständliche elementare Grundversorgung mit Essen, Schlafen etc., aber auch soziale Kontakte. Wie kann ich mich selbst versorgen, wer kann mir helfen, wenn ich keine Lust zum Kochen habe? Wie kann ich zu einem besseren Schlaf finden, zur Ruhe kommen, wenn alles in Hektik ist? Soll ich zu Beruhigungsmitteln greifen? Das Spektrum und die Intensität der »natürlichen« Gefühle ist in der Trauer sehr weit zu fassen!

In einem Fall kam eine Frau sehr verunsichert zur Trauergruppe, weil jetzt, nach dem Tod ihres Hundes, ihr Leben zusammenbrach:»Wenn sie so weitermachen, muss ich sie in die Psychiatrie einweisen!«, hatte ihr behandelnder Arzt angedeutet.»Sie waren so stark und haben sich weder beim Tod ihrer Schwester noch beim Tod ihres Mannes so ›aufgeführt‹«. Nun plagten sie auch noch tiefe Schuldgefühle. Wie erleichtert war sie, als sie erfuhr, dass sich Trauergefühle nicht von alleine auflösen. Sie hatte die letzten zwei Jahre immer gut funktioniert, obwohl sie zwei nahe Menschen um sich verloren hatte. Bestattung, Nachlass, Wohnungsauflösung, alles hatte sie geregelt. Erst als jetzt das letzte ihr verbliebene Lebewesen auch noch von ihr ging, kam die unausgedrückte Trauer wie eine Lawine über sie! Und sie war dankbar, sich nun Raum für ihre berechtigten – und nicht hysterischen Gefühle nehmen zu können!

Wir sehen, wie wichtig das genaue Hinhören und Hinsehen ist, und dass der erste Blick nicht immer die ganze Dramatik aufzeigt und es nicht um schnelle Lösungen gehen kann!

Zum Boden-Gewinnen kann neben bewusster Leib- und Körperarbeit aber auch jegliches Hinausgehen in die Natur,

Spazierengehen mit offenen Augen, wandern, radeln, Gartenarbeit wie auch Grabpflege gehören. Manche verfallen geradezu der Arbeit, werden zum Workaholic; dann ist das Innehalten, mir selbst und der Trauer Zeit zu geben, wichtig.

So war ein junger Mann nach dem Unfalltod der Lebensgefährtin ängstlich besorgt, weil er sich als Selbstständiger sehr schnell wieder intensiv ins »business« eingliedern musste: »Trauere ich genug?« Hier war es wichtig, ganz exklusive »Trauerstunden« einzuplanen!

Als Trauernder darf ich es mir erlauben, dass nicht alles heute getan, nicht alle Entscheidungen heute gefällt werden müssen! Ich darf mir den Ausdruck »heute noch nicht« genehmigen. Ich muss nicht sofort eine Zusage oder Absage geben. Ich darf es mir selbst zugestehen und den anderen zumuten, dass ich noch überlegen muss. Noch kenne ich die Erfahrung nicht, wie ich alleine in der Wohnung zurechtkomme, ohne den geliebten Partner. Da ist es nicht sinnvoll, gleich der Anfrage der Tochter, zu ihr aufs Land zu ziehen, nachzukommen.

Mutmachend ist die Geschichte einer jungen Frau, die während der Zeit der Erkrankung des Ehemannes eine flexible Arbeitszeit ausgehandelt hatte. Sie war in Panik geraten, da nun, nach dem Tod des Mannes sicher keine weiteren Zugeständnisse zu erwarten waren. Doch nun war sie allein mit ihrer kleinen Tochter. Sie dachte daran, ganz aufzuhören, weil sie beides sicher nicht schaffen würde! Die Trauergruppe bestärkte sie darin, dass immer noch bzw. jetzt besonders, der Ausnahmezustand galt und somit Gründe vorlagen, über Freiräume zu verhandeln. Ihr Arbeitgeber zeigte Verständnis, so konnte sie ihren Arbeitsrhythmus dem sich verändernden Familienrhythmus anpassen!

In anderen Fällen liegt eher eine permanente Antriebslosigkeit vor, wo man sich zu nichts aufraffen kann. Dann ist es möglich, Vereinbarungen mit sich selbst zu treffen: Jetzt widme ich mich einer anstehenden Arbeit, aber um 15.00 Uhr gönne ich mir eine Kaffeepause, einen Spaziergang. Ich lade jemand anderen dazu ein oder vereinbare einen Treffpunkt, um mich selbst wieder in eine stützende Struktur durch einen festgelegten Zeitrahmen zu bringen.

Wie sehr hat der andere doch mein Leben getaktet und diese Impulse fallen nun weg!

Nicht nur der Trauernde sollte mit kleinen Gesten sich selbst Gutes tun. Die folgenden Anregungen sollen deutlich machen: Hilfestellung muss nicht immer etwas sehr Aufwändiges sein! Kleine Gesten genügen, um wieder etwas Licht in das Leben zu bringen.

Hilfreiche Gesten, die Trost in der Trauer sein können

- Karten, Grüße, Sprüche, Bilder in den Briefkasten werfen

- Regelmäßige Telefonanrufe

- Kleine Geschenke: Buch, Stein, Kerze, Selbstgestaltetes, Selbstgebackenes

- Einladung: Essen, Ausflug, Spaziergang

- Begleitung: Friedhof, Kirche, Konzertbesuch

- Gedenktage nicht vergessen, auch nach längerer Zeit

- Konkrete Hilfen anbieten: Einkaufen, Behördengänge

- Gesprächsbereitschaft signalisieren

- Interesse an der Person des Trauernden zeigen

- Körperkontakt (Hand halten, streicheln, in den Arm nehmen)

- Stille teilen

- Ermutigung: zum Erzählen, zum Kontakt mit anderen Trauernden, zur Trauergruppe

Ich bin die Nummer 1 in meinem Leben!

Es ist ein schwieriger Balanceakt, den mir gemäßen Weg zu finden, zwischen anstehenden Pflichten, bestürmenden Ratschlägen oder sogar bevormundenden Eingriffen von außen, zwischen Sehnsucht nach Ruhe und Angst davor, Gefühlen von Stolz und dennoch Unzufriedenheit. Immer heißt es, mich selbst wieder in den Mittelpunkt zu rücken! Das kann nicht auf Anhieb klappen, wir müssen lernen, nachsichtig mit uns zu sein, großzügig! Was tut mir gut, wie kann ich mich selbst verwöhnen? Wie belohne ich mich für eine Aufgabe, die ich gemeistert habe?

»Niemand lobt mich mehr, wenn ich den Tisch liebevoll gedeckt oder gut gekocht habe! Für mich lohnt sich das doch gar nicht!« Dieses »sich selbst wichtig nehmen« fällt gerade Frauen bisweilen schwerer als die Fürsorge für andere! Sie kennen meist die Lieblingsgerichte und Hobbys der ganzen Familie, doch auf die Frage: »Was essen Sie selbst besonders gerne, welche Beschäftigung macht Ihnen Freude?«, kommt oft ein ratloses Achselzucken. »Das weiß ich nicht so genau!« Dann heißt es, sich auf die Suche zu machen, eigene Kreativität oder Hobbys wieder aufzunehmen oder neu zu entdecken oder auch, wenn ich selbst wieder gefestigt und belastbarer bin, mich einer neuen Aufgabe zu widmen!

Eine Großmutter zeigte freudig das Bild ihrer 4-jährigen Enkelin, die ein T-Shirt mit der Aufschrift »NUMBER ONE« trug. »Das sollten Sie sich auch besorgen«, war meine Empfehlung. Es fiel ihr anfangs nicht leicht, sich darin im Spiegel zu sehen oder gar zu zeigen, doch zunehmend erkannte sie, wie nötig und auch überfällig in ihrem Leben diese Zusage war: Ich bin in meinem Leben die Nummer 1.

So tragen viele Mosaiksteinchen dazu bei, die erschütterte Identität wieder zu stärken; die Frage: »Wer bin ich nach dem Weggang oder Tod meiner ›besseren‹ Hälfte?« mit neuen Erfahrungen zu beantworten. Auch im sprachlichen Ausdruck zeigt sich dieses gewandelte Bewusstsein: »Ich spreche jetzt neuerdings von *meinem* Haus, von *meinen* Plänen! In den ersten eineinhalb Jahren nach dem Tod meines Mannes konnte ich nur von *wir* sprechen!

Nach Scheidungen stellt sich ja die Frage, eventuell den gemeinsamen Namen abzulegen; aber auch nach dem Tod des Ehemannes drücken Frauen aus, wie fremd ihnen plötzlich trotz so langer Jahre der Familienname »des Mannes« vorkommt. Da unsere Identität besonders stark mit dem Vornamen verknüpft ist, ist es günstig, bei geeigneten Gruppen-Übungen, zum Beispiel beim Vorstellen von gemalten Bildern oder in Ritualen, sich mit dem Vornamen einzubringen.

Als Begleiter können wir dazu ermuntern, in ein erzähltes Erlebnis bewusst das Wort »Ich« einzubauen und Resonanz auf das »Ich« zu geben.

Gewachsenes Selbstbewusstsein trägt dazu bei, die Beziehungen im Umfeld einer kritischen Analyse zu unterziehen. Das lässt uns bisherige Zugeständnisse aufkündigen, uns aus Beziehungen zurückziehen und neue Kontakte unter anderem Vorzeichen aufbauen! Neben der Überprüfung des sozialen Gefüges werden auch die Wertvorstellungen über das, was trägt, und der Glaube kritisch hinterfragt.

Von den Ausnahmen und Freuden

Wie auf einer großen Bühne wandert der Scheinwerfer unserer Betrachtung, um weitere Teile des gesamten »Bühnenbildes« auszuleuchten. Bisher hat viel Schweres, Leidvolles im Scheinwerferlicht gestanden. Höchste Zeit, sich der Freude und Hoffnung zuzuwenden, diese Kräfte zu beleuchten, mit der die Natur jeden Menschen ausstattet. Denn sie sind die individuellen Fähigkeiten, die in Krisensituationen zur Stabilisierung beitragen. Mit ihnen verfügen wir über bedeutsame Ressourcen, die wir alle in uns tragen und auf die wir, unabhängig von äußeren Hilfsmitteln, in jeder Situation zurückgreifen können.

Meine Kraftorte

☐ Ich versetze mich in Gedanken nacheinander an drei schöne Orte, die ich aus meinem bisherigen Leben oder aus meiner Phantasie kenne.
Ich genieße es, dort zu sein. Welcher Ort erscheint mir heute als der Schönste?
Ich schaue mich an diesem Ort genau um, betrachte die Umgebung:

– Was für eine Landschaft finde ich vor?
– Welches Wetter ist gerade?
– In welcher Jahreszeit befinde ich mich?
– Sind andere Menschen dabei?
– Was macht diesen Ort für mich besonders bedeutsam?
– Welchen Eindruck/welche Empfindung nehme ich von dort in meinen Alltag mit?

In der Erinnerung können wir uns an freudvolle Begebenheiten anbinden, diese noch einmal erleben und uns gefühlsmäßig selber »anstecken«. Diese Kraftquellen tragen wir in uns als bedeutsames persönliches Potenzial und finden in ihnen eine Fähigkeit, die mit der Trauer geschwisterlich verbunden ist. Eng gehören Trauer und Freude zusammen und lassen sich nicht dauerhaft trennen, sollen nicht beide Qualitäten gleichermaßen verkümmern.

Folgende Geschichte nach Jorgos Canacakis (»Wiederanbindungs-Konzept«) mag dies illustrieren:

Trauerbein und Freudenbein

In einem fernen Land in einer anderen Zeit lebten Menschen wie du und ich in einem kleinen Reich.
Ihr Leben dort war neben angenehmen Tagen und freudvollen Zeiten häufig hart und voller Mühsal.
Nun war der alte König gestorben und sein Sohn wurde zum neuen Herrscher gekrönt. Wie sein Vater wollte auch er gerecht und weise herrschen und gut für sein Volk sorgen. So kam ihm der Gedanke, am Krönungstag der jubelnden Menge zuzurufen, dass er ein neues Gesetz erlassen habe: »Ab heute soll es in unserem Land nur noch glückliche Menschen geben! Schweres, Leid und Traurigkeit sind verboten. Ausschließlich Freude soll die Menschen erfüllen!«
Wie war die Begeisterung groß. Welch ein wunderbares Dekret, welch hoffnungsvolle Perspektive! Alle Anwesenden applaudierten stürmisch und

gratulierten sich begeistert zu ihrem neuen Regenten, der einfühlsam ihre Sehnsüchte erkannt hatte und Wunderbares verfügte.

Diese Menschen hatten wie wir zwei Beine – eines für die Freude, das andere für die Trauer. Und nach diesem neuen Erlass lebten sie nun auf ihrem Freudenbein. Hüpfend gingen sie ihren Verrichtungen nach, hopsten durch die Straßen und hatten großen Spaß. Lustig war es, dem Nachbarn plötzlich auf ganz neue Art zu begegnen, und die Kinder staunten über ihre hampelnden Eltern. So ging es eine ganze Weile munter zu im Lande, bis anstelle des anfänglichen Übermuts erstes Unbehagen spürbar wurde. »So einseitig!«, raunten sich manche zu, »Unbequem!«, gaben andere zu bedenken.

Und im Laufe der Zeit wurde es immer anstrengender, sich auf nur einem Bein langsam vorwärts zu bewegen. Das Trauerbein verkümmerte und die Menschen konnten sich an ihrem Freudenleben immer weniger freuen.

So ging es eine ganze Weile, der junge König beobachtete sorgenvoll das Geschehen und besprach sich schließlich mit seinen Ratgebern. Nach einigen Überlegungen fanden sie eine Lösung, die umgehend bekannt gegeben wurde: »Ab heute gilt ein neues Gesetz. Es darf auf dem Freuden- und auf dem Trauerbein gleichermaßen gelebt werden! Trauer und Freude, rechts und links gehören wieder zusammen!«

Erleichtert hörten die Menschen diese kluge Entscheidung ihres Herrschers. Und diesmal jubelten sie ihm noch lauter und begeisterter zu, bevor sie mit federnden Schritten und balancierend in ihre Häuser zurückgingen. Froh über ihre wiedergewonnene Bewegungsfreiheit!

Seitdem ist große Zufriedenheit in dem kleinen Reich. Bis heute geht die Bevölkerung auf zwei Beinen und alle achten aufmerksam darauf, keines zu vernachlässigen.

Und wenn der geneigte Leser sich vielleicht noch wundert, dann mag er sich jetzt auf seine Beine stellen und es selbst ausprobieren!

Freude als grundlegende menschliche Kompetenz ist ein Gefühl, das in uns und unserer Umgebung Solidarität hervorruft. Geteilte Freude ist nicht nur doppelte Freude, sondern ist auch Wiederbelebung früherer Freudensituationen. Keine Erfahrung geht verloren, auch wenn sie möglicherweise jahrzehntelang vergessen war.

Wenn ich mich an eine besondere Freudensituation erinnere, sie mir nochmals genau in Erinnerung rufe und ausgiebig in dieser Begebenheit verweile, dann sehe, höre, spüre, rieche ich plötzlich Altes wieder. Ich empfinde heute wieder wie damals, mache Urlaub in früheren Lebenssituationen, stärke mich selbst aus eigenen Kraftreserven.

Schwer traumatisierte Menschen, die unsagbare Entbehrungen und Qualen durchzustehen hatten, gaben später auf die Frage, was ihnen geholfen habe, diese Zeit durchzustehen, häufig an, es seien die früheren positiven Erinnerungen gewesen, an die sie sich intensiv erinnert hätten. So stark, dass sie die belastende Umgebung für eine Weile damit verlassen konnten.

Nochmals einen bestimmten Roman in Gedanken zu lesen, ein besonderes Fest nachzuerleben, wertvollen Begebenheiten nachspüren zu können, kräftigt, aktiviert und stärkt das Selbstwertgefühl.

Erinnern ist das Paradies,
aus dem wir nicht vertrieben werden können.

Jean Paul

Im Nach-Erleben liegt ein Nochmal-Erleben mit all den Sinneseindrücken, Empfindungen und körperlichen Reaktionen. Damit haben wir in uns ein wertvolles Selbst(wert)-Regulationsmittel für belastete Situationen und Krisenzeiten. Im Nacherleben binden wir uns an die positiven, stärkenden und wärmenden Energien dieser damaligen Begebenheit wieder an, lassen uns noch einmal kräftigend erfreuen.

❏ *Schätze bergen*

- *Eine freudvolle Begebenheit in meinem Leben erinnern. Anhand von Fotos oder erzählend diese Situation wiederbeleben:*
- *Wie war die Umgebung?*
- *Wie waren Jahreszeit und Wetter?*
- *Wer war dabei?*
- *Was geschah?*
- *Wie wurde die Situation beendet?*
- *Was von diesen Erfahrungen tut mir heute noch gut?*
- *Auf welchen freudvollen Aspekt könnte ich in nächster Zeit verstärkt achten?*

Die Erfahrung zeigt, dass es das Erinnern freudvoller Lebenszeiten ist, das es Abschied nehmenden Menschen ermöglicht, einen hoffnungsvollen Wechsel der Blickrichtung vorzunehmen. Besonders, wenn bisher verstärkt Scheitern, Misslingen oder

Nicht-Erfülltes betrachtet wurde, dann ergänzt ein bewusstes Sammeln persönlicher Erfahrungs-Schätze die Rückbesinnung. Wiederholtes Eintauchen in schöne Erinnerungen heißt dann, sich auch das im persönlichen Leben vorhandene Positive zurückzuholen, ihm einen guten inneren Platz zuzuteilen und es versöhnlich in die eigene Biografie einzuordnen.

Hinterbliebene zweifeln oft, ob sie sich noch den schönen Dingen des Lebens zuwenden dürfen, wo doch der andere dies nicht mehr miterleben darf! Doch wie könnten Menschen, die uns zu Lebzeiten wohlwollend gegenüberstanden, uns nun »ewige Bitterkeit wünschen«?

Die Freude im Schweren ist somit nicht nur legitim, sondern notwendig, um innere Not zu wenden!

Wie frühere Freuden unseren Blickwinkel »Wert-voll« erweitern, so beeinflussen wir uns auch selbst mit unserer Betrachtungsweise des aktuellen Geschehens. Ein Stück weit sind wir eigenverantwortlich »unseres eigenen Glückes Schmied«, können entscheiden, wie viel Aufmerksamkeit wir dem Problematischen geben und welche Beachtung dem Leichteren und Positiven – vorläufig die Ausnahme – zukommen darf.

Ist die Aufmerksamkeit ausschließlich auf Schweres gerichtet oder fällt der Blick gelegentlich auf Ausnahmen? Zu welchen Zeiten geht es mir etwas besser, in welchen Situationen spüre ich Hoffnung, wo entdecke ich Licht im Dunkel, wann sind meine Beschwerden reduziert?

Kein Dunkel ohne Licht – kein Problemzustand ohne Ausnahme!

Liebesgedicht, das den Empfänger nicht mehr erreichen kann

Auch wenn du
von mir gegangen bist,
bin ich verpflichtet
gut zu leben.
Verpflichtet mir
und vor allem dir,
denn du würdest
es hassen
und mich beschimpfen,
wäre mein Leben dunkel
und nicht mehr lebenswert.

Kristiane Allert-Wybranietz

Trauer ist etwas organisieren
gegen die Kälte
gegen Vergessen
gegen die Fakten,
Dein unüberhörbares Lachen mitten darin
hilft uns beim Trauern.

Dorothee Sölle

Ausnahmen zu entdecken, das heißt aufzudecken und auszuleuchten, ermöglicht uns, neue Perspektiven aufzuspüren.
Vielleicht kann ich erkennen, welche Menschen mich in meinen Belastungen unterstützen möchten, oder ich kann auf
meinem Morgenspaziergang bewusst nach mir Wohltuendem
Ausschau halten?

Jean Shinoda Bohlen berichtet in ihrem Buch *Krankheit und
die Suche nach dem Sinn* von einem amerikanischen Kinderbuch,
in dem modellhaft eine kleine Lokomotive, The Little Engine,
eine besonders große Ladung über einen hohen Berg ziehen soll.
Noch nie hat sie dergleichen gemeistert, das Gelingen ist mehr
als fraglich. Sie startet mit »ich glaub, ich schaff's; ich glaub, ich
schaff's«, bekommt Fahrt und damit Zuversicht; »ich weiß, ich
kann's; ich weiß, ich kann's«, erreicht endlich den Gipfel und
sagt sich bei der Abfahrt »ich wusst, ich kann's; ich wusst, ich
kann's!«

❏ *Welche Mut machenden Geschichten und Bilder fallen mir
selbst dazu ein?*

Es sind gerade die Krisen und besonders die Wendezeiten, in denen wir auf Ausnahmen vertrauen dürfen, auf ungeahnte Wendungen achten und den Hoffnungen reichlich Chancen einräumen sollten. »Häufig ist es einfach der enge und starre Blickwinkel, der eine Problemlösung verhindert«, so lange, bis man

die Dinge »anders sieht, und entsprechend anders bewertet«. Befähigt dazu sind wir, mag es auch anfangs ungewohnt erscheinen; ein Spiel mit optischen Täuschungen mag dies illustrieren.

Wie bei einem Kippbild lassen sich anstelle der Vase plötzlich zwei Gesichter erkennen. Die neue Perspektive wendet den bisher problemorientierten Blick zu neuen Betrachtungen und möglichen Lösungen.

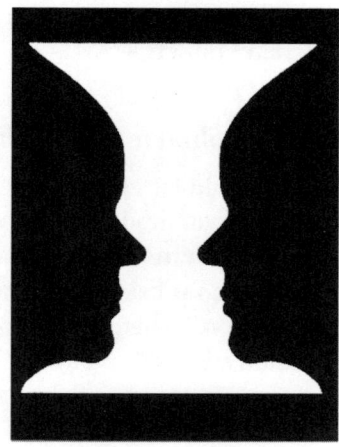

Im Rahmen einer Familien-Mediation gelang es den Familienmitgliedern, eine Eskalation der angespannten Situation zu verhindern, nach Chancen und konstruktiven Gestaltungsmöglichkeiten Ausschau zu halten und befriedigende Lösungen für ihr neuartiges Alltagsleben miteinander zu entwickeln.

Einem Mann war gekündigt worden, inzwischen war er seit fünf Monaten zu Hause. Seine Frau und die drei Kinder waren sowohl von den finanziellen Konsequenzen betroffen als auch von der Tatsache, dass er nun ständig präsent war. Die bis dahin in der Familie übliche Aufgabenteilung war aufgehoben. Wo die Frau bisher eigenverantwortlich Entscheidungen traf, erwartete er jetzt Absprachen. Er bemerkte, wie sich in dieser relativ kurzen Zeit sein bisheriges Selbstverständnis veränderte. Sich nicht mehr über eine verantwortungsvolle Arbeit identifizieren zu können, beeinträchtigte nachhaltig sein Selbstbewusstsein und sein Verhalten der Familie gegenüber.

Nach einem halben Jahr gab die Ehefrau rückblickend an, dass ihr die veränderte Blickrichtung »weg von den unendlich vielen Defiziten, die mich ja nur noch gelähmt haben, hin zu den Möglichkeiten« besonders geholfen habe, sich tatkräftig für die neue Situation zu engagieren, »dass wir auch daraus was Gutes machen können.«

Der Rahmen ist entscheidend!

Wie ein Bild in seiner Wirkung und Ausstrahlung vom passenden Rahmen und der unmittelbaren Umgebung beeinflusst wird, so steuern Menschen mit ihrer persönlichen Betrachtung nachhaltig ihr Erleben. Ist das Glas halbleer oder halbvoll? Mit welcher Brille betrachte ich das Geschehen und in welchen Rahmen stelle ich mein Erleben?

In der Begleitung Schwerstkranker lässt sich immer wieder beobachten, wie konstruktiv es für die persönliche Krankheitsbewältigung ist, die Aufmerksamkeit auf Freudvolles und Positives zu lenken. Im Erleben macht es einen bedeutsamen Unterschied, ob ich als Patientin nach den Intervallen von Schmerzfreiheit oder nach der Intensität meines Schmerzes gefragt werde. Entsprechend richte ich meine Wahrnehmung auf meinen Körper, erlebe verstärkt Schmerzen oder registriere erleichtert deren Ausnahmezeiten.

In Krisenzeiten kann es mir helfen, meine Beobachtung auch darauf zu lenken, was mir denn hilft, dies alles durchzustehen, welche Menschen, welche Bedingungen, welche Werte mich tragen – immerhin: ich habe es bis heute geschafft, zu überleben.

❐ mach' los statt machtlos

In Verlust- und Chaos-Zeiten sind wir auf Stabilisierung angewiesen. Dazu können wir selbst und eigenverantwortlich beitragen, indem wir uns lösungsorientiert Zugang zu unseren
Ressourcen, Kompetenzen und Wahlmöglichkeiten schaffen.

Ein möglicher Leitfaden:
– Was habe ich zur Zeit Belastendes durchzustehen?
– Wo gibt es Ausnahmen?
– Was trägt zu diesen Ausnahmen bei?
– Wie könnte ich Ausnahmen vermeiden und wie herbeifüh-
ren?
– Was könnte ich tun, um die Situation zu verschlimmern
und was, um sie zu verbessern?
– Wie habe ich frühere Krisen bewältigt?
– Wo war ich erfolgreich, obwohl alles dagegen sprach? Wie
habe ich es trotzdem gemeistert?
– Wenn ich wie ein Vogel von oben auf meine Situation sehe,
was entdecke ich; und was aus der Perspektive einer
Schlange? Welche Aspekte kommen jeweils hinzu?
– Welche Idee hat mein Kopf und was sagt mein Bauch?
– Angenommen, es gäbe noch drei weitere Möglichkeiten:
Welche wäre die verrückteste, welche die aussichtsreichste
und welche die angenehmste?
– Woran könnte ich erkennen, dass es mir ein wenig besser
geht? Welche Farbe passt dazu, welcher Duft?
– Wenn ich diese Lebenssituation bewältigt habe, wie werde
ich mich dann fühlen, was werde ich sehen und hören?
Wozu habe ich dann Kraft? Wie werde ich dann leben?

Schritt für Schritt
Schritt für Schritt
ich gehe auf zwei Beinen
meinem Lachen und meinem Weinen.

Hans Kurt Flemming

Das Unfassbare fassbar machen – das kreative Potenzial nutzen

Zeigt her eure Tränen!

Da ist der Trost entdeckt:
In den geschriebenen Zeilen

Christa Wolf

Ungläubig, skeptisch oder neugierig beobachten viele trauernde Menschen ihre kreativen Impulse. Dann nämlich, wenn Worte längst nicht mehr ausreichen, um die intensiven, unfassbaren und gewaltigen Empfindungen auszudrücken. Dort, wo »hinter den Worten« – wie Rose Ausländer es formulierte – Verluste gespürt werden, ist eine andere Sprache »not-wendig«. Statt überlegter und vom Denken gefilterter Reden melden sich nun ursprünglichere Ideen. »Ich habe mir nie etwas aus Lyrik gemacht. Doch jetzt fallen mir – meist unter der Dusche – plötzlich kurze Gedichte ein, die meine Gefühle ausdrücken«, berichtet eine junge Frau nach ihrer dramatisch erlebten Trennung. Sie hat für sich einen »Trost entdeckt«, einen Weg, sich mit ihrem Verlust auseinander zu setzen.

Wie viele Gedichte, Geschichten und Trauermärchen sind in ähnlichen Lebenszeiten geschrieben worden? Das Bedürfnis, sich »mit-zu-teilen«, meldet sich irgendwann, der Wunsch, andere mögen doch mit teilhaben. Anteil nehmen ist menschliches Grundbedürfnis, denn: »Geteiltes Leid ist halbes Leid!« Doch neben dem zwischenmenschlichen Aspekt liegt noch ein anderer tiefer Sinn in kreativem Tun. Indem ich »aus-drücke«, was mich beschäftigt, gebe ich meinem Erleben eine Form. Egal wie diese auf andere wirken mag, sie hat ihre tiefe Bedeutung für den eigenen Verarbeitungsprozess. Meine Ergebnisse, die ich lesen, hören, fühlen oder sehen kann, zeigen sich bereits ein Stück weit gebändigt, sind nicht mehr ganz unfassbar, sondern haben sich in Handhabbares verwandelt.

Der kreative Ausdruck tiefer Menschheitserfahrungen geht auf eine lange Tradition zurück: Höhlenmalereien, die beeindruckende Erlebnisse und tiefe Wünsche der damaligen Menschen bewahrt haben, oder Steinritzungen Leprakranker, die auf der kretischen Insel Spinalonga bis heute eindrucksvolle Dokumente kreativer Bewältigung des Ausgestoßenseins aus der menschlichen Gemeinschaft sind.

Gleichermaßen wertvoll sind unsere persönlichen Gestaltungen. Sie wirken als Katalysator für innere Prozesse und sind auch als Erkenntnismittel für therapeutische Ansätze hilfreich. Mal- und Musiktherapie liefern eindeutige Belege dafür, wie solchermaßen innere Prozesse durch äußeres Tun unterstützt werden. »Schön sind sie vielleicht gar nicht, aber es sind meine Seelenbilder«, erklärt der schwer kranke Patient seiner Tochter die von ihm gemalten Bilder aus der Kunsttherapie, die am Krankenhausbett stattfand.

Oder denken wir an Musik, wie sie in ihrer Vielfalt die Bandbreite menschlicher Erfahrungen erfasst: Im persönlichen Klang-Erzeugen entsteht ein heilsamer Resonanzraum. Innere Rhythmen und eigene Töne lassen das Erlebte hörbar werden. Die ersten Kinderlieder haben bereits Trost gegeben, warum nicht auch die Töne jetzt, die eigene Symphonie der Trauer?

Der Gefangenenchor verbindet sich in *Nabucco* mit der vermissten Heimat, der 25-jährige Beethoven vertonte seine »Wut über den verlorenen Groschen, ausgetobt in einer Caprice« und in der Schlussszene von *La Traviata* verbindet sich Violettas tiefster Schmerz über verlorene Chancen mit hoffnungsvoller Liebe. Alban Berg widmet sein letztes Werk »Dem Andenken eines Engels« und Haydn lässt in seiner Abschiedssymphonie nacheinander die Musiker Abschied nehmen, indem sie die Kerzen ausblasen und das Publikum langsam verlassen. Gerade in Trauerzeiten hören Menschen gerne Werke, die ähnliche Erfahrungen ausdrücken. Wie ein Spiegel des eigenen Erlebens und Empfindens kommt die Musik mir entgegen, führt mich durch meine Innenwelt.

Ein wärmender Stoff aus Erinnerungen

»Ich habe mich auf mein Hobby besonnen, Patchwork. Die Beschäftigung mit dem weichen Material, den gedämpften Farben, den wohl bekannten Mustern lenkten auf tröstliche Art ab. Sie gaben mir Ruhe und ermöglichten mir, meinen Gedanken nachzuhängen«, erinnerte sich eine Witwe, wie sie die Hemdenstoffe ihres verstorbenen Mannes in wärmenden Erinnerungsstoff verwandelte, in eine Decke, von der sie heute sagt »und wenn mir kalt ist, kann ich mich hineinkuscheln.«

»Ein Quilt ist nicht einfach eine Steppdecke, sondern Erinnerungsstück, Liebesbeweis, Trostpflaster« und somit »Der Stoff für Legenden« (Stern Nr. 8/2000).

»Im Bürgerkrieg 1861 wurden die Frauen aufgerufen, aus Restkleidung, auch Mehlsäcken, Bettlaken etc. Decken für die Soldaten zu quilten. An einer war ein Zettel geheftet: »Mein Sohn ist in der Armee: Wer auch immer von diesem Quilt gewärmt wird, an dem ich sechs Tage und den Großteil von sechs Nächten gearbeitet habe, möge sich an die Liebe seiner Mutter erinnern.«

In der New Yorker Kathedrale St. John the Devine wird ein Riesen-Quilt aufbewahrt, der ständig wächst mit Erinnerungs-Patchwork für verstorbene AIDS-Kranke. Hier entsteht aus der kreativen Initiative vieler Einzelner ein Gemeinschaftswerk und ein besonderes Erinnerungsstück.

Ein anderes Beispiel: Alexis Sorbas tanzt, als die von ihm mitgebaute Drahtseilbahn einstürzt. Er bezieht seinen Körper ein, bewegt sich durch die inneren Trauerräume der Angst, Klage, Schuldgefühle und ebenso der freudigen, wertvollen Erinnerungen. Das ist seine Art, nicht bodenlos zu werden, nicht zu erstarren, sondern den verwirrenden Gefühlen Struktur zu geben, ein individuelles Ritual zu gestalten und vielleicht auch uns Lesende zur Bewegung in bewegten Zeiten einzuladen. Nicht umsonst zählt das Buch von Nikos Kazantzakis bis heute zu den Klassikern.

Wir leben nicht wie Alexis Sorbas eingebettet in eine Kultur, in der Tanz, Musik, laute Emotionen und Miteinander anerkannte und selbstverständliche Trauerformen sind. Vielmehr sind wir herausgefordert, unsere persönlich stimmigen Ausdrucksformen zu entwickeln. Bewährtes wie Neues, das der Situation angemessen ist, kreativ und heilsam zu verbinden: »eigen-artig« im besten Sinne des Wortes!

❐ *Anlässe und Ideen für kreativen Trauerausdruck*

- *Abschiedsrituale mit den erwachsenen Kindern, bevor sie zu Hause ausziehen.*
- *Feierlichkeiten am Ende der Berufstätigkeit.*
- *Abschiedsbriefe, die möglicherweise gar nicht zum Verschicken bestimmt sind, doch all das in Worte fassen, »was ich dir längst sagen wollte, mich aber nie getraut habe«.*

> – Kochen traditioneller Gerichte aus der Heimat zu speziellen Anlässen kann Halt geben und gleichzeitig Verbindung aufrecht erhalten.
>
> – Auch Scheidungen und Trennungen können durch eine bewusst gestaltete Zeremonie einen angemessenen Schlusspunkt erhalten, der beide Aspekte berücksichtigt: welcher Teil an Gemeinsamkeit wird beendet, welcher soll fortdauern, zum Beispiel wegen gemeinsamer Elternschaft. Einige evangelische Pastoren führen inzwischen Scheidungszeremonien durch.

All dies sind Beispiele individuellen Ausdrucks von »Abschied nehmen«. Gemeinsam ist ihnen: Ich habe mich von etwas Wesentlichem verabschieden müssen, ich nehme dies jedoch an einem inneren Platz in mir auf, verinnerliche es, ich integriere diese besondere Verbindung im jetzigen Leben auf meine Art.

Ein Beispiel gelebter Trauerarbeit, das in Deutschland bereits Schule macht, findet sich auf dem Ohlsdorfer Friedhof in Hamburg, wo Susanne Schniering einen Gedenkplatz für nicht beerdigte Kinder eingerichtet hat. »Ich bewahre dich in meinem Herzen«, ist auf dem Stein zu lesen.

Erinnerungsstücke helfen, an das Verlorene zu denken. Indem sie persönlich Bedeutsames symbolisch bewahren, aktivieren wir beim Betrachten wieder diejenigen Qualitäten in uns, die für diese besondere und einmalige Beziehung charakteristisch waren: Muscheln vom Sommerurlaub, vergilbte Fotos, Erinnerungsstücke oder der Fußabdruck des Neugeborenen, das eine Mutter nach der Entbindung zur Adoption freigegeben hat. Das alles sind Zeugnisse einer gemeinsamen Lebenszeit.

In nachfolgenden Geschichten und Bildern bringen Trauernde ihre Erschütterung in einen ihnen angemessenen Ausdruck.

Gedenkplatz für nicht beerdigte Kinder (Foto: Susanne Schniering)

Kinder werden geboren unter der Sonne des Herzens
ihrer Mutter. Alte Menschen sterben, wenn sie müde
geworden sind, hier auf der Erde zu wohnen.
Doch jeder Tod, so traurig er auch sein mag, schafft
Platz für neues Leben, für ein Kind, das eine Heimat
sucht.

Die alte Frau wurde von allen geliebt und geachtet,
bei den Kindern für die vielen bunten Geschichten und
Märchen aus fremden Ländern, für das Obst aus ihrem
Garten, das süßer schmeckte als anderswo und für
den liebevollen Trost, den jeder bekam, der danach
suchte.

Die Erwachsenen brachten ihr große Bewunderung
entgegen für unendliche Weisheit, für die vielen Gedanken, die sie vermittelte und die kleinen Ratschläge, die sie
hier und dort vorsichtig in den Raum stellte, sobald sie
spürte, dass einer nicht lange genug gelauscht hatte und
dabei war, einen Fehler zu machen, der keine Lehre mit
sich bringen würde.

Niemand wusste genau, wie alt die Frau in Wirk-
lichkeit war, doch es ging das Gerücht, dass sie schon so
lange lebte wie die alte Eiche, um die sich die Menschen
am Abend gerne versammelten, um Geschichten zu hören und zu erzählen. Die Bäckerin hatte als Kind ihrer
Mutter gelauscht und gehört, wie diese zu einer anderen
Frau darüber sprach, die Mutter der alten Frau habe bei
ihrer Geburt ein kleines, zartes Eichbäumchen gepflanzt.
Ob es sich nun wirklich um die große alte Eiche handelte,
wusste niemand wirklich; aber jeder wusste um den
Wert eines solchen Zaubers und jeder glaubte zu wissen,
dass die Alte zu dem Baum sprach wie zu einer guten alten Freundin.

Eines Abends, der so schön war, wie er nur sein konnte, klopfte es an die Tür der Alten. Sie öffnete und sah draußen eine junge Frau stehen. Die Alte kannte sie vom Sehen und wusste, dass diese keine war, die allabendlich mit den anderen Menschen zur Eiche kam, um ihren Geschichten zu lauschen. Sie lebte abgeschieden am Rande des Waldes.

So wenig die Alte sie auch kannte, wusste sie schon lange, dass diese Frau etwas Besonderes für sie war, sie spürte eine enge Verbundenheit zu dieser scheuen jungen Frau.

»Warum hast du den Weg zu mir gemacht?«, fragte sie ohne die geringste Verwunderung. »Ich wollte dich sehen«, sprach diese mit Mut in der Stimme. »Ich habe immer gewusst, dass du eines Tages zu mir finden würdest.« »Wie heißt du, Mädchen?« »Ich heiße Shila.« Schweigend machte die Alte eine Kopfbewegung, die andeuten sollte, doch Platz zu nehmen. Sie goss ihr eine Tasse heißen Tee ein und wartete, was geschehen würde. So saßen sich die Frauen schweigend gegenüber, ab und zu sahen sie sich in die Augen und wieder zurück auf ihre Tassen. Plötzlich hob Shila an zu sprechen, sie sprach langsam und nachdenklich, ohne ihren Blick zu heben. »Ich werde ein Kind bekommen.«

Die alte Frau wurde plötzlich von einem Gefühl überwältigt, wie sie es noch nie zuvor erfahren hatte. Es war ein bitteres, kaltes, doch gleichermaßen tiefes, warmes, wehmütiges, schönes Gefühl. Eines, von dem man sowohl betroffen als auch völlig vereinnahmt wird. Die Alte schwieg, wohl um das, was in ihr war, auf sich wirken zu lassen und herauszufinden, was diese Nachricht in ihr auszulösen vermochte. So verging erneut eine Weile angefüllt mit tiefem Verstehen.

»Ich freue mich für dich.« Dieser Satz zerbrach die Stille und nahm Shila, die offenkundig selbst nicht wusste warum, eine schwere Last von den Schultern. Sie verabschiedete sich und ging.

Shilas Bauch wurde größer und eines Tages wurde die alte Frau, wie zu jeder Geburt in die kleine Hütte am Rande des Waldes gerufen. Shila schwitzte und schrie. Doch als die kühle Hand der alten Frau ihre Stirn berührte, wurde sie für einen Moment still.

Ein lauter Schrei durchdrang die Hütte. »Es ist ein Mädchen«, wurde gerufen. Die Alte stand da und sah Shila in die glücklichen Augen. Sie trat an das Bett der jungen Mutter und küsste sie. Sie küsste das Baby und flüsterte: »Du wirst für sie eine Eiche pflanzen.« Mit diesen Worten verließ sie die Hütte. Shila blickte ihr hinterher mit einer ihr unbekannten Wehmut.

Am Abend waren alle guter Laune. Eine Geburt war hierzulande ein Fest, das bis in die frühen Morgenstunden andauerte. Wie alle Feste sollte es unter der alten Eiche stattfinden. Doch als die ersten den Platz erreicht hatten, verstummte ihr lauter Jubel.

Unter der Eiche saß die alte Frau an den Stamm gelehnt, sie hatte die Augen geschlossen und lächelte. »Sie ist tot«, riefen die Menschen ängstlich und aufgebracht. Da stand Shila hinter ihnen, sie trug ihre kleine Tochter auf dem Arm und sprach: »Seid nicht traurig, sie ist tot aber glücklich! Nicht mehr lange und es wird eine andere junge Eiche für uns blühen!«

Als sie ihre Worte beendet hatte, fielen die Blätter von den starken Ästen der Eiche und bedeckten unter sich den Körper der Alten. So blieb das Letzte, was die Menschen als Erinnerung in ihren Herzen trugen, ein altes weises Lächeln, das sich fortan durch Generationen fortsetzt bis heute.

Kinder werden geboren unter der Sonne des Herzens ihrer Mutter.

Alte Menschen sterben, wenn sie müde geworden sind, auf der Erde zu wohnen.

Doch jeder Tod, so traurig er auch sein mag, schafft Platz für ein neues Leben, das eine Heimat sucht.

Die Geschichte spielte an einem Ort, an dem das Leben und Verleben im Einklang mit der Natur stattfindet. Auf einem Fleck dieser Erde, der wohl kaum auf einer Landkarte zu finden ist, denn dort, wo er liegt, brauchen die Menschen keine Wegweiser. Sie lauschen einfach in ihr Inneres und hören sich zu sich selbst sprechen.

Kathleen Hunecke

Phoenix aus der Asche?

Unerwartet, in tausend kleinen Alltagssorgen und einer ernüchternden Abschiedswolke bebte die Erde, denn bisher Ungedachtes, niemals Eingeplantes tauchte wie ein Blitz kurz auf: »Werner ist tot!«

Das unfassbare Entsetzen machte schnellstens einer gelähmten Stumpfheit Platz. Das Wissen blieb in einer entfernten Gehirnecke, das Empfinden jedoch dumpf und unempfindlich.

Kurze Abschiedsgefühle mischten sich ins Nicht-fassen-Können, Nicht-begreifen-, Nicht-wahrhaben-Wollen.

Rebellion, Handeln, Hadern, Wut hatten keine Chance. Kein Opfer konnte diesen Abschied ungeschehen machen, keines wurde angenommen.

»Phoenix aus der Asche?« *– ich suche seinen Flügelschlag. Lange.*

Ganz langsam nähert sich Dankbarkeit für diesen
gemeinsamen Teil meines Lebensweges.
Was kann jetzt wachsen anstelle unserer Pläne,
Gewohnheiten und Verlässlichkeiten?
Eine Offenheit, die ich nie gesucht und deren Preis ich
niemals gewählt hätte.

P.R.

Geschichten, die zur Heilung beitragen können

Nachfolgend noch eine kleine Auswahl von Geschichten aus Mythen und Literatur, die nach unserer Erfahrung bei Trauernden auf gute Resonanz treffen. Vielleicht ist auch ein passender Text für Sie darunter?

Der Persephone-Mythos nimmt archaische Strukturen, Urbilder auf, die in allen Kulturen und Zeiten gültig sind. Unsere Kultur basiert auf den griechisch-römischen Wurzeln.
Thema ist ebenso eine innige Mutter-Tochter-Beziehung wie auch die Entwicklung der Mann-Frau-Beziehung, Selbstfindung und das notwendige Loslassen.

Persephone

Persephone ist die schöne Tochter von Demeter aus deren Verbindung mit dem Göttervater Zeus. Demeter ist die milde und mächtige, Segen bringende Göttin der Fruchtbarkeit, des Blühens und des Lebens. Ihrer Tochter ist sie mit inniger Mutterliebe zugetan und Persephone wächst wohl behütet im Kreis ihrer Gespielinnen auf.
Sie verbringen eine gute Zeit, während alles um sie herum blüht und wächst. So soll es immer bleiben und keiner soll sich zwischen Mutter und Tochter stellen!

Eines Tages spielt Persephone auf den blühenden Fluren ihrer Mutter Demeter und pflückt Narzissen, um sie zum Kranz zu binden. Doch Hades, der Gott der Unterwelt, beobachtet sie dabei und ist völlig entzückt von ihr. Er muss sie haben! Aus einer tiefen Spalte im Erdboden, die sich neben Persephone auftut, sprengt er mit Rosse bespanntem Wagen aus der Unterwelt hervor. Vergeblich schreit Persephone um Rettung – der Gott entführt sie gewaltsam in sein dunkles Reich und macht sie dort zu seiner Gemahlin.

Hades ist glücklich, da jetzt Leben und Liebe in sein Schattenreich einkehrt und es ihm gelingt, auch Persephones Leidenschaft zu wecken.

Oben auf der Erde irrt Demeter derweil verzweifelt auf der Suche nach ihrer verschwundenen Tochter umher. Endlich verrät Helios, der als Sonnengott alles sieht, der Untröstlichen den Aufenthalt des Mädchens. Daraufhin zieht sie sich in die Einsamkeit zurück, lässt alle Fruchtbarkeit auf der Erde verkümmern: Misswuchs und Hungersnot sind die Folge.

Große Ratlosigkeit herrscht im Olymp. Schließlich sieht Zeus sich genötigt, dem Bruder Hades die Rückgabe seines Raubes zu gebieten. Hades gehorcht dem Verlangen des Höchsten der Götter und lässt Persephone ziehen. Zuvor aber lässt er sie von einem Granatapfel kosten, der geheimen Zauber birgt und ihre Rückkehr sichert.

Persephone kehrt wieder zu ihrer Mutter zurück und die Erde erblüht neu. Alles wächst und grünt und ist wie früher.

Demeter hofft, dass ihre Tochter für immer bleiben wird. Doch nach dem Willen des Zeus weilt sie nur zwei Drittel eines jeden Jahreslaufes in der Oberwelt, dann siegt in ihr die eheliche Liebe und sie kehrt freiwillig in die Unterwelt zurück, um die Winterzeit bei ihrem Gatten Hades zu verbringen. Demeter kann sie nicht zurückhalten.

Und jährlich wiederholt sich dieser Rhythmus:

- Wenn Persephone in die Unterwelt zurückkehrt, wird oben auf der Erde alles trocken, fällt ab, ist wie abgestorben, und Demeter trauert. Es wird Winter.
- Im Frühling, wenn Persephone wieder auf die Erde kommt, beginnt alles zu grünen und zu blühen.

So ist das mit den Jahreszeiten – und so wird es für immer bleiben.

Manche Trauernde werden sich in der folgenden Geschichte wiederfinden: Nicht das Bedrängen oder gar Bevormunden ist hilfreich, sondern das Anerkennen von Trauer.

Zwölf Prinzen und ein wandernder Bursche

Es war einmal eine liebliche Prinzessin, die war so traurig, dass sie nicht mehr sprach, und niemand aus dem Hofstaat vermochte sie aufzuheitern. Da der König seine Tochter liebte, ließ er im Reiche verkünden, dass der seine Tochter zur Gemahlin bekäme, der ihr Schweigen und ihren Kummer besiege.

Da kamen die zwölf Prinzen aus den zwölf Provinzen des Landes in die Hauptstadt, um ihr Glück bei der Prinzessin zu machen. Der Erste versuchte, sie zu trösten. Der Zweite pries ihre Schönheit, vergeblich. Der Dritte versuchte sie abzulenken. Der Vierte fragte nach den Gründen ihres Schmerzes. Die Prinzessin schwieg. Der Fünfte sagte, ihr Kummer sei eine Folge der Jahreszeit und würde bald verschwinden. Der Sechste riet ihr, den Kopf zu heben, zu lächeln und sich zu bewegen. Der Siebente forderte sie auf, einen Kräutertee zu trinken. Der Achte hielt einen Vortrag über Melancholie junger Damen, insbesondere des höheren Standes, alles vergeblich. Der Neunte redete ihr ins Gewissen. Der Zehnte warnte sie vor schlimmen Folgen ihrer Trübsal. Der Elfte warf ihr vor, dem lieben Gott den Tag zu stehlen. Und der Zwölfte, der schon nicht mehr glaubte, sie erringen zu können, nannte sie einfach eine Heulsuse und zog ärgerlich ab.

Da die Kunde von den vergeblichen Versuchen der zwölf Prinzen im Reiche umging, hörte auch ein wandernder Geselle die Geschichte. Und er ging zum Schloss und begehrte die Prinzessin zu sehen. Die Wächter wollten ihn nicht einlassen, aber da er beharrlich auf seinem Ansinnen bestand, schickten sie zum König, ihm den Burschen und sein Begehren zu melden. Der König war inzwischen so verzweifelt, dass er dachte, dieser Besuch könne wohl auch nicht helfen, aber wohl auch nicht schaden, und gab Befehl, ihn zur Prinzessin zu lassen. Als der Bursche die Kammer der Prinzessin betrat, sah er sie weinend auf ihrem Lager. Sie war so in sich gekehrt und weinte so still, dass es ihm ans Herz griff und er sich schweigend auf einem Stuhl niederließ und dort verharrte. Während dieser Zeit stieg die Sonne in den Zenit, die Kirchenglocken meldeten die Vesper und das Ende des Arbeitstages. Als das Abendrot eben verblasste, hob die Prinzessin den Kopf und bemerkte, dass sie nicht allein war. Auch der Bursche sah auf, und als sie ihre Augen auf ihn richtete, sprach er leise zu ihr:»Du bist so traurig, dass du das Leben um dich herum nicht mehr bemerkst.«»Ja«, sagte die Prinzessin. Und das war das erste Wort seit drei Monden.

Alexa Mohl

Die Tatsache, dass Trauer die Kehrseite unserer Liebes- und Bindungsfähigkeit ist, wird in der folgenden Geschichte lebendig veranschaulicht.

Das schöne Herz

Eines Tages stellte sich ein junger Mann in die Mitte des Ortes und verkündete, er habe das schönste Herz im ganzen Tal. Eine große Menge versammelte sich um ihn, und alle bewunderten sein Herz, denn es sah vollkommen aus. Nicht eine Schramme war daran und nicht die kleinste Delle. Ja, alle stimmten zu, dass dies wirklich das schönste Herz sei, das sie je gesehen hatten. Der junge Mann war sehr stolz und prahlte noch lauter mit seinem schönen Herzen.

Plötzlich trat ein alter Mann aus der Menge heraus und sagte: »Ach was, dein Herz ist lange nicht so schön wie meines.« Die Menge und der junge Mann blickten auf das Herz des Alten. Es schlug stark, doch es war voller Narben. Stücke waren herausgebrochen und andere eingesetzt, aber sie passten nicht genau, und so gab es einige raue Kanten. Tatsächlich waren da sogar mehrere tiefe Löcher, wo ganze Teile fehlten. Die Leute starrten darauf – wie kann er sagen, dachten sie, sein Herz sei schöner?

Der junge Mann schaute auf das Herz des Alten, sah seinen Zustand und lachte. »Du machst wohl Witze«, sagte er. »Vergleich dein Herz mit meinem: meines ist vollkommen und deines ist voller Narben und Löcher!« »Ja«, sagte der alte Mann, »dein Herz sieht vollkommen aus, aber ich würde doch niemals mit dir tauschen. Weißt du, jede Narbe steht für einen Menschen, dem ich meine Liebe gegeben habe. Ich nahm ein Stück von meinem Herzen und gab es ihm, und oft gab er mir dafür ein Stück von seinem eigenen Herzen, das den leeren Platz in meinem ausfüllte. Aber weil die Stücke nicht genau gleich sind, habe ich ein paar Unebenheiten – die ich in Ehren halte, weil sie mich an die Liebe erinnern, die wir geteilt haben.«

Manchmal«, fuhr er fort, »habe ich ein Stück meines Herzens weggegeben, und der andere Mensch gab mir kein Stück von seinem zurück. Das sind die Lücken. Liebe zu geben ist immer ein Risiko. Diese Lücken schmerzen, doch sie bleiben offen und erinnern mich an die Liebe, die ich auch für diese Menschen habe, und ich hoffe, dass sie mir eines Tages etwas zurückgeben und den leeren Platz füllen, der darauf wartet. Siehst du jetzt«, fragte der Alte, »worin die Schönheit meines Herzens besteht?«

Der junge Mann stand schweigend und Tränen liefen über seine Wangen. Er ging zu dem alten Mann, dann griff er nach seinem perfekt schönen jungen Herzen und riss ein Teil heraus. Mit zitternden Händen bot er es dem Alten an. Der alte Mann nahm es an und setzte es in sein Herz, dann nahm er ein Stück seines alten narbigen Herzens und setzte es in die Wunde im Herzen des jungen Mannes. Es passte, aber nicht ganz genau, so blieben einige raue Kanten. Der junge Mann schaute auf sein Herz, das nicht mehr vollkommen war, aber doch schöner als je zuvor, weil Liebe aus dem Herzen des alten Mannes hineingeflossen war.

Nachfolgend eine Klage aus Rumänien um verstorbene Eltern:

Beerdigungslied

Ich bin gekommen, meine liebe Mutter und Vater
An eure Gräber /
Mögt ihr mir vergeben, wenn ich nicht zu euch komme /
Weil ich weit weg wohne und nicht kommen kann /
Ich bitte euch, für uns zu beten /
Dass wir gesund bleiben sollen,
die, die noch von uns da sind /
mit meinem Mann, denn er ist wirklich sehr krank /
ich bitte auch, ihr sollt uns vergeben /
dass ich so lange Zeit
nicht an eure Gräber gekommen bin /
ich bin jetzt bei euren lieben Neffen /
und dort bete ich für euch /
dass auch ihr ihnen helft /
ihr sollt auch darum beten,
dass Betica nur einen wirklich Bestimmten haben soll /
dass er zu ihr kommen soll /
denn sie ist ein sehr feines, liebes Kind /
und Rozica und ihr Mann sollen gesund sein

und von langem Leben /
und insgesamt /
bitte ich euch noch einmal /
uns nicht zu vergessen /
wie ich euch auch nicht vergessen werde /
so sollt ihr auch nicht vergessen,
was ihr alles zurückgelassen habt /
dass sie noch auf dieser Welt seien. Amen!

(nach Gisela Suliteanu)

Ingo Sperl kommentiert:»Die Klagende, die hier das Grab ihrer Eltern besucht, erzählt wie Besucher, die sich lange nicht gesehen haben. Aber sie bittet auch um Vergebung, weil sie nicht oft kommen kann. Sie wohnt zu weit weg. Es ist schön, wie die Klagende ihre eigenen Gefühle und Gedanken mit den Eltern teilt. Sie lässt sie Anteil nehmen an dem, was sie im Innersten bewegt. Sie macht sich Sorgen um die Heirat einer nahen Verwandten, oder um die Gesundheit der Familie. Hier sehen wir wieder die Motive des Erinnerns, des Bittens, dass die Verstorbenen sich für die Hinterbliebenen einsetzen, das Erzählen von hier, das Bereinigen des Gewissens, indem die Klagende ihr Versäumnis anspricht und begründet, das Verbunden-Sein. Die Toten haben ihren guten Platz in der Erinnerung der Tochter bekommen ... Da ist die natürliche Verbindung zu denen, die Teil des eigenen Lebens sind. Das Leben im Alltag geht zwar ohne sie weiter. Aber in der Erinnerung, in dem, was war, haben sie für immer Anteil.«

In persönlichen Grabliedern für seine »beiden Kleingebliebenen« formuliert Friedrich Rückert seinen Schmerz nach dem Tod seiner Kinder Luise und Ernst, drei und fünf Jahre alt. Gustav Mahler vertonte sie in einem Liederzyklus.

Kindertodtenlieder

Es bringt die Magd die Todeskunde
Vom Schwesterchen der Knabenschaar;
Da rufen sie mit Einem Munde:
Sie ist nicht todt, es ist nicht war.

Sie sehen sie mit blassem Munde
Mit weißer Wang' im dunklen Haar,
und flüstern leiser in die Runde:
sie ist nicht todt, es ist nicht war.

Der Vater weint aus Herzenswunde,
die Mutter weint, sie nehmens war,
und bleiben doch bei ihrem Grunde:
Sie ist nicht todt, es ist nicht war.

Und als gekommen war die Stunde,
man legt sie auf die Todtenbahr,
man senkt sie ein im kühlen Grunde:
Sie ist nicht todt, es ist nicht war.

So bleibe sie mit euch im Bunde
Und werde schöner jedes Jahr
Und wird' euch lieber jede Stunde!
Sie ist nicht todt, es ist nicht wahr.

Friedrich Rückert

Über die Sinne zu Sinn finden

Das Wort Sein
Bedeutet im Deutschen Beides:
DASEIN und IHM gehören.

Franz Kafka

Mehrfach wurde bereits angesprochen, dass die Ablösung, die Wandlung der äußeren Beziehung in eine innere Verbundenheit kein einmaliger Akt ist, sondern ein Prozess mit verschiedenen Phasen. Waldemar Pisarski beschreibt es in einem Bild: Die Beziehungsfäden, die zwischen uns auf vielfältige Weise gesponnen waren, müssen aufgerollt und in uns hineingeholt werden. Unsere Sinne sind dabei noch mit dem anderen verbunden: Wir riechen ihn noch, glauben, seine Stimme zu hören und besonders in Zeiten des Übergangs wie beim Einschlafen oder Aufwachen kann es uns so vorkommen, dass der andere ganz nah war, über die Bettdecke gestrichen hat!

Unverzichtbar ist – damit im guten Ende auch ein guter Anfang grundgelegt werden kann – das Aktivieren all unserer Sinne, also vielfältige Möglichkeiten, die das Hören, Riechen, Fühlen, Schmecken und nicht zuletzt auch die Berührung ansprechen. Gerade die behutsame Berührung ist sehr wichtig, sie schafft eine Zwischen-Leiblichkeit, deren Trauernde und insbesondere Sterbende bedürfen. Sterben bedeutet ja in erster Linie den Verlust von Leiblichkeit.

Bei Sinnen bleiben

»Bist du noch bei Sinnen?«, fragen wir, wenn wir uns über Mitmenschen wundern, die nervös, vergesslich oder seltsam auf uns wirken, die gar nicht ganz bei der Sache zu sein scheinen; vielleicht formulieren wir es auch salopper: »Hast du sie noch alle?«

Hinter diesen umgangssprachlichen Redewendungen steht die uralte Erfahrung, dass Menschen in schwierigen Lebenssituationen, eben in Krisen-, Chaos- und Wendezeiten, ihre Konzentration derart bündeln, dass sie nur noch bedingt mit ihrer Außenwelt in Kontakt bleiben können. Sie nehmen das Leben »draußen« nicht mehr wahr, sondern neigen dazu, ihre Aufmerksamkeit ausschließlich dem Verlorenen oder auch bestimmten Gedankengängen zuzuwenden und in dieser »Ausschließlichkeit« bedeutsame andere Lebensaspekte »aus-zu-schließen«. Sie sind im wahrsten Sinne des Wortes nur teilweise und somit nicht ganz (und gar) bei sich. Sie leben nicht mehr mit allen Sinnen, haben »sie nicht mehr alle« vollständig zur Verfügung.

»Wie konnte ich mit so viel Sonne im Gedächtnis auf die Sinnlosigkeit setzen?«, fragt Albert Camus.

Diese Fokussierung mag für eine bestimmte Zeit wichtig, richtig und hilfreich sein. Im Laufe eines gesunden Trauerprozesses wird es jedoch wieder wichtig, auch diese sinnlichen Fähigkeiten zurückzugewinnen, nämlich wahrzunehmen, dass es Dinge gibt, die noch so sind wie sie »zuvor« waren, und ebenso, dass sich auch außen, bei anderen etwas verändert, nicht nur das eigene Leben!

»Wieder bei Sinnen mich dem Leben zuzuwenden, war für mich wohl der wichtigste Schritt«, meinte ein Teilnehmer in seiner Trauergruppe, »ich habe auf einmal wieder den Herbst gerochen und das sogar viel intensiver als früher.« Das heißt, genau hinzusehen, hinzuhören, was um mich herum ist, achtsam zu schmecken, was ich gerade esse, den Wind bewusst zu spüren und mit aller Aufmerksamkeit mich einem besonderen Duft zuzuwenden! Erinnern wir uns an schöne Sinneseindrücke, die uns gut taten, und wenden wir uns ihnen wieder zu. Welche Erfahrungen sammle ich jetzt? Hat sich etwas verändert? Was ist mir angenehm?

Ich selbst sammle meine Sinne am besten wieder ein, wenn ich am Wasser, möglichst am Meer, gehe. Mit schnellen Schritten laufen, die Luft spüren, »Nase im Wind« und genau aufs

Wasser hören, bringt mich wieder zu mir zurück, zum vielfältigen, sinnigen Leben.  Über Klänge und Düfte, Farben und Formen kann so der Einzelne seinen Weg finden, wieder in Balance zu kommen, die eigene Schwingung wieder zu harmonisieren und er erfährt dadurch auch Stabilität und Verbundenheit. Statt »Alleinsein« erfährt er »All-eins-SEIN« – herausgenommen aus der Isolation und hineingenommen in die große, umfassende Schwingung »des Ganzen«, eine Urschwingung, die uns schon aus dem Mutterleib vertraut ist und nach der wir uns vermutlich ein Leben lang sehnen.

Du bist da
Ich sehe Dich nicht.
Dein Körper wurde mit Erde zugedeckt.
Ich höre Dich nicht,
Deine Stimme rückt ferner von Tag zu Tag.
Meine Hände fassen nach Dir
Und greifen ins Leere.
Aus Deinen Kleidern
verfliegt mir der letzte Duft.
Und doch
Bist DU da – in mir.

Renate Salzbrenner

Das Leben neu gewinnen –
Elia als Urbild für eine bewältigte Lebenskrise

Mit der Erzählung des Propheten Elia bietet uns das Alte Testament im Buch der Könige (19, 1–18) einen Repräsentanten existenzieller Menschheitserfahrungen. Sein Weg durch eine tiefe Lebenskrise kann in Symbolik und Erfahrung bis heute als eine Art »Wegweiser-Geschichte« grundlegende Gesetzmäßigkeiten in Wendezeiten aufzeigen und Orientierung vermitteln.

Die Stationen in Elias Weg wie Wüste, Höhle, Berg, Stadt gleichen den Wendepunkten des Labyrinths. Sie sind nicht nur reine Ortsangaben, sondern ebenso Urbilder für Stationen des inneren menschlichen Entwicklungsweges. In Brot, Wasser und Engeln begegnen wir alten heilsamen Lebenssymbolen, die in Krisenzeiten stabilisieren.

Elia verdeutlicht die Gefahren, die persönlichen Krisen innewohnen, und nutzt modellhaft deren Chancen für seine Reifung.

Die folgende Darstellung bezieht Gedanken von Roland Kachler (*Wege aus der Wüste*) mit ein:

Krisen-verlauf	Elia als Entwicklungsweg	Bibeltext
Bisherige Lebens-situation	Elia lebt als Prophet Jahwes in Israel und kämpft für seinen Glauben gegen den sich ausbreitenden Baalskult in seinem Land. In dessen Vernichtung sieht er sein erklärtes Lebensziel. Gerade hat er im Karmelgebirge einen großen Sieg errungen und alle Baalspriester Israels sind hingerichtet worden. Er fühlt sich auf dem Höhepunkt seiner Karriere.	Ahab sagte Isebel alles, was Elia getan hatte und wie er alle Propheten Baals mit dem Schwert umgebracht hatte.

Krisen-verlauf	Elia als Entwicklungsweg	Bibeltext
Einbruch	Seine Gegnerin, Königin Isebel, hat aus ihrer Heimat den Baals-kult mitgebracht, den sie als Staatsreligion etablieren möchte. Um dieses Ziel zu erreichen, hat-te sie die Propheten des Jah-we-Glaubens weitgehend ausgeschaltet und spricht nun gegen Elia ihre Todesdrohung aus. Elia bemerkt, dass Gott ihn hier nicht vor Isebel schützt, wie er es erwartet.	Da sandte Isebel ei-nen Boten zu Elia und ließ ihn sagen: Die Götter sollen mir dies und das tun, wenn ich nicht morgen um diese Zeit dir tue, wie du diesen ge-tan hast!
Erschütterung	Er ist zutiefst in seinen Überzeu-gungen, Werten und seinem Glauben erschüttert.	
Chaos	Sein Selbstbild und Weltver-ständnis sind überfordert und er spürt tiefe Hilflosigkeit, ist des-orientiert, seine alten Lebens-Si-cherheiten tragen ihn nicht mehr. Er befindet sich an einem entscheidenden Wendepunkt, spürt Existenzangst und erfährt sich in einem vermutlich bisher nicht gekannten emotionalen Chaos.	
Krise	Diese Krise (griechisch Tren-nung/»Schnittstelle« und »Kampf/Streit«) verlangt von Elia Ent-Scheidungen. Wie kann er angesichts dieser Erfahrung weiterhin Prophet bleiben? Sein Lebenswerk, seine Persönlichkeit und sein Selbstbild als Mensch und Prophet sind grundlegend in Frage gestellt. Wird ihm eine neue Lebensform abverlangt? Damit birgt diese wie jede ande-re Krise Gefahr und Chance in	

Krisen-verlauf	Elia als Entwicklungsweg	Bibeltext
	sich, indem sie die Auseinandersetzung konservativer, das Alte bewahren wollender Kräfte mit Veränderungsimpulsen unausweichlich fordert.	
	Elia durchlebt eine Reifungskrise, eng verbunden mit einer tiefen Glaubenskrise. Er konnte seine Ziele nicht erreichen, setzt sich mit seinem bisherigen Tun und dessen Sinn auseinander. Ist er gescheitert, nun, da er nicht mehr aktiv und erfolgreich auftreten kann? Wie weit tragen jetzt noch sein Glaube, sein Gottesbild und seine religiöse Orientierung?	
	Dieser Verlust von Lebenszielen, Hoffnungen und bisheriger Lebensführung kennzeichnet jede Krise. Das Ende des Alten wird vergleichbar einer Todesdrohung, wie sie Isebel ausspricht, erlebt, und zwar als umfassendes Infragestellen der persönlichen Existenz.	
Wendepunkt	Wendepunkte dieser Art bezeichnet Verena Kast als »schöpferischen Sprung«, als Chance, sich bisher Ungelebtem zuzuwenden, wenn auch von der Not gefordert und keinesfalls freiwillig gewählt.	
Trauerspirale	Auch Elia muss sich diesem Entwicklungsprozess stellen, will er seine innere Not konstruktiv wenden.	
	Er erlebt Phasen von Widerstand und Abwehr, von tiefen Emotionen, Regression und Bewältigung.	

Krisenverlauf	Elia als Entwicklungsweg	Bibeltext
Erfahrung von Scheitern und Verlust	Doch vorerst erlebt er das Gefühl, versagt zu haben, gescheitert zu sein, als tiefe Kränkung. Als existenzielle Verunsicherung ruft es Ohnmachtsempfindungen hervor, ohne Macht und Einfluss auf die Situation und das Geschehen zu sein.	Da fürchtete er sich,
Angst	Elia hat Angst und reagiert in dieser Situation zutiefst menschlich mit Fluchtimpulsen, in der Hoffung, damit die Katastrophe abwehren zu können und den damit verbundenen Ängsten zu entgehen.	machte sich auf und lief um sein Leben.
Abwehr	Seine Versagens- und Vernichtungsangst ist so groß und mit so viel Scham verbunden, dass Elia sich sein Weiterleben nicht mehr vorstellen kann.	
Flucht	Er sieht angesichts dieser Ausweglosigkeit nur noch die Flucht aus der Realität als Möglichkeit, Bedrohungen, Konflikten und der unbarmherzigen Realität auszuweichen, dass doch »alles nicht wahr sein möge«. Vorerst scheint diese Strategie erfolgreich; er flieht in die Wüste und begegnet dort seinen eigenen Todeswünschen, das heißt den Wünschen nach Ruhe und Frieden. So flieht er (erst einmal) aus der Realität in den Schlaf.	Er aber ging hin in die Wüste, eine Tagesreise weit, und kam und setzte sich unter einen Wacholder und wünschte sich zu sterben und sprach: Es ist genug, so nimm nun, Herr, meine Seele; ich bin nicht besser als meine Väter.
Wüste: Ort der Entbehrung	Doch er befindet sich in der Wüste, dem symbolischen Ort der Selbstbegegnung und Selbstbesinnung. Als Bild einer leblosen Landschaft konfrontiert sie ihn unerbittlich mit seiner eige-	Und er legte sich hin

Krisen-verlauf	Elia als Entwicklungsweg	Bibeltext
	nen inneren Verwüstung, mit Ausgebrannt-Sein und Einsamkeit. Sie stellt existenzielle Lebensfragen und fordert zum Überleben heraus.	
	Elia, nun ohne »Amt und Würde«, sprich ohne Identität, erlebt in sich diese wüstenhafte Leere, ohne Statussymbole, gewohnten Lebensstandard und vertraute Mitmenschen.	
	Konfrontiert mit seinen elementaren Bedürfnissen, mit Hunger, Durst und seiner Sehnsucht nach Geborgenheit, geht es für ihn jetzt nicht mehr um »Haben«, sondern um »Sein« (Erich Fromm)	
Wüste: Ort der Entscheidung	Die Wüste ist ein Lebensraum auf Zeit, denn sie verlangt eine Entscheidung: weiterziehen, das heißt, sich entwickeln und reifen, oder untergehen, wie erstarren, versteinern oder in Depression versinken. Elia muss sich »ent-scheiden«	
Wüste: Ort der Hoffnung	Im Wacholder trifft er auf ein Symbol, das für uns heute gleichermaßen als Friedhofsbaum den Tod und als immergrüner, hoch aufgerichteter Baum das Leben repräsentiert. »Wenn das Dunkle wächst, wächst das Rettende auch« (Friedrich Hölderlin). In Elia erwachen Überlebensimpulse. Brot als Lebens-Mittel und Wasser als Heil-Mittel »ver-mitteln« ihm Kraft zum Weiterleben und zur Veränderung.	und schlief unter dem Wacholder. Und siehe, ein Engel rührte ihn an und sprach zu ihm: Steh' auf und iss! Und er sah sich um, und siehe, zu seinen Häupten lag ein geröstetes Brot und ein Krug mit Wasser. Und als er gegessen und getrunken hatte, leg-

Krisen-verlauf	Elia als Entwicklungsweg	Bibeltext
	Als Zeichen göttlicher Zuwendung und Liebe erinnern sie uns daran, dass jede Krise irgendwann liebevolle Zuwendung fordert, wollen wir sie nicht nur überleben, sondern vielmehr für unsere Reifung durch-leben. Wasser verbindet Elia mit einem Urstoff, denn embryonales Leben beginnt im (Frucht-)Wasser, und mit Quelle, das heißt Tiefe und Sinn der Lebensquelle. Wasser ist in Bewegung, fließt und vermag Elias' Lebensmut wieder in Bewegung zu setzen und zum Fließen zu bringen.	te er sich wieder schlafen. Und der Engel des Herrn kam zum zweiten Mal wieder und rührte ihn an und sprach: Steh' auf und iss! Denn du hast einen weiten Weg vor dir.
Weg	So angebunden an seine Lebensressourcen begibt sich Elia auf seinen Entwicklungs-Weg aus der Wüstenerfahrung hinaus. Er kommt in BeWEGung, weniger aus eigener bewusster Entscheidung heraus, sondern wohl mehr aus einer unbewussten, archaischen Kraft. Möglicherweise hat sich Elia später rückblickend gefragt, welche Kräfte ihm in dieser Krise wohl zugewachsen sind? Wege bedeuten Wandlung und Reifung, führen durch die Lebensgesetzmäßigkeiten von Werden – Vergehen – Neuwerden und damit über die Stationen von Abschied, Trauer und Neubeginn.	Und er stand auf und aß und trank und ging durch die Kraft der Speise
Zeit	Dieser Reifungsprozess benötigt ausreichend Zeit, bei Elia 40 Tage und Nächte. 40 gilt als Zahl der Prüfung und Vorbereitung, die deutlich macht, dass eine	vierzig Tage und vierzig Nächte bis zum Berg Gottes, dem Horeb

Krisen- verlauf	Elia als Entwicklungsweg	Bibeltext
	längere Zeit der ersten Lichtbli- cke, aber auch der Rückschläge durchlebt und durchlitten wer- den will; das Auf und Ab eines jeden Individuationsweges.	
Höhle: **Ort der** **Dunkelheit**	Elia erreicht den heiligen Berg, um sich dort in eine Höhle zu begeben. Dieser Abstieg in die ei- gene Tiefe, ins eigene Dunkel des Unbewussten führt ihn zu seinen abgewehrten, dunklen Seiten, die bisher nicht in sein Selbstbild passten. Er geht in sich, geht sich auf den Grund und mag viel- leicht erstaunt gedacht haben: »So kenne ich mich gar nicht.« Wendezeiten bringen ungeliebte Seiten an den Tag, konfrontieren mit abgrundtiefen Gefühlen wie Zorn, Wut, Neid oder Schuldge- fühlen. Elia muss sich damit auch von seinem idealen Selbst- bild verabschieden, seine Schat- tenseiten akzeptieren und innere persönliche Gegensätze neu ver- binden.	Und er kam dort in eine Höhle und blieb dort über Nacht. Und siehe, das Wort des Herrn kam zu ihm: Was machst du hier, Elia? Er sprach: Ich habe geeifert für den Herrn ... denn Isra- el hat deinen Bund verlassen ... und
Höhle: **Ort des** **Lebens**	Höhlen sind nun aber auch Schutzräume und Symbol des Ur-Mütterlichen, dem dunklen Raum, in dem neues Leben wächst. Im Mittelpunkt des La- byrinths befindet sich der Um- schlagpunkt in die Zukunft und in die Lebensperspektive hinein. Höhlen bergen die Boden-Schät- ze, Edelsteine, sind Ort und Symbol menschlicher Ressour- cen und Lebenskräfte. Für diese Entwicklungsprozesse in ein bewussteres und reiferes Leben ist Rückzug notwendig,	ich bin allein übriggeblieben ...

Krisenverlauf	Elia als Entwicklungsweg	Bibeltext
	heilsame Innenschau und Erinnern: »Erinnern, das ist vielleicht die qualvollste Art des Vergessens und vielleicht die freundlichste Art der Linderung dieser Qual« (Erich Fried). Elia setzt sich auseinander, bis in ihm Hoffnung wächst.	
Aufbruch	Neue Zuversicht lässt ihn ins Helle, ins Tageslicht und damit ins neue Leben treten.	Der Herr sprach: Geh heraus und
Berg	Er besteigt den heiligen Berg und bewegt sich damit in die Nähe Jahwes. Wer schon einmal einen Berg bestiegen hat, kennt die Mühen, die er abverlangt, weiß jedoch auch um den Aus-Blick, den der Gipfel bietet. Allgemein ist der Berg ein Symbol für die Überwindung von Strapazen, für einen Stand-Ort mit Weitsicht. Von oben betrachtet, lässt sich Struktur und Ordnung erkennen, ist ein verstehender Über-Blick möglich und manches Unverständliche lässt sich nachträglich einordnen.	tritt hin auf den Berg vor den Herrn!
Integration in die eigene Biografie, neuer Standort im Leben,	Elia hat wieder »Boden unter den Füßen«, seinen Stand-Punkt gefunden und kann Neu-Land betreten. Er tut dies örtlich und innerlich bis er handlungsfähig seinem Gott wieder begegnen kann.	Und siehe, der Herr wird vorübergehen.
Aufgabe alter Vorstellungen zugunsten eines erweiterten Verständnisses und	Doch trifft er nicht auf den ehemaligen Gott des Kampfes, der Stärke und Naturgewalten. Diese alten elementaren Gotteserfahrungen seines Volkes muss er jetzt aufgeben. Noch einmal tauchen sie bei Elia auf,	... der Herr aber war nicht im Winde ... ... der Herr war nicht im Erdbeben ...

Krisen-verlauf	Elia als Entwicklungsweg	Bibeltext
		... der Herr war nicht im Feuer.
neuen Gottesbildes	bevor er den sanften Seiten Gottes, den leisen Erfahrungen und atmosphärischen Phänomenen begegnen kann. Ohne offensichtliche Macht sind sie so mächtig und wirksam, dass Elia sein Gesicht vor diesem kraftvollen Anblick verhüllt. Diese neue, innige Begegnung mit der weiblichen Geistseite (»Ruach«) verdankt Elia seiner in der Krise hinzugewonnenen Sensibilität, seiner neuen Hell-Hörigkeit und Empfindsamkeit für die leisen Töne des Lebens.	Und nach dem Feuer kam ein stilles sanftes Sausen. Als das Elia hörte, verhüllte er sein Antlitz mit seinem Mantel und ... trat in den Eingang der Höhle ...
Rückkehr ins soziale Umfeld	Elia geht nach Damaskus und begibt sich damit wieder in das soziale Leben einer Großstadt hinein. Er nimmt seinen Alltag und den Kontakt zu seinen Mitmenschen auf.	Aber der Herr sprach zu ihm: Gehe wieder deines Weges ... nach Damaskus
Neue Lebens-entwürfe	Neue Beziehungen kommen hinzu. Doch hat Elia noch seine Arbeit zu Ende zu führen. Er soll zwei Könige salben, um anschließend öffentlich und rituell seine Prophetenrolle an Elisa weiterzugeben. Jetzt ist er wieder aktiver Gestalter seines Lebens, schließt verantwortungsvoll einen Lebensabschnitt ab, der ihm nun nicht mehr entspricht, und wird frei für neue Lebensentwürfe und Perspektiven. »Ent-lastet« kann Elia hoffnungsvoll spüren, dass die großen Welt-Aufgaben auch ohne ihn weitergeführt werden.	... und salbe Hasael zum König über Aran und Jehu, den Sohn Nimschis zum König über Israel und Elisa ... zum Propheten an deiner Statt ... Und ich will übriglassen ... in Israel, alle Knie, die sich nicht gebeugt haben vor Baal, und jeden Mund, der ihn nicht geküsst hat.

Es gibt nur eine Freiheit. Mit dem Tod ins Reine
kommen. Nachher ist alles möglich.
Ich kann Dich nicht zwingen, an Gott zu glauben.
Wenn Du den Tod akzeptiert hast,
wird das Problem Gott gelöst sein –
nicht umgekehrt.

Albert Camus

Im Chaos Struktur erfahren – Rituale

Die Kraft der Rituale

Rituale sind für die Kommunikation wichtiger
als Wörter für das Denken.

Mary Douglas

Eine Hochzeitsfeier: Zwei Menschen verbinden für immer, also
»verbindlich« ihr Leben miteinander. Unter Zeugen zelebrie-
ren sie zu einer besonderen Zeit an einem speziellen Ort ihren
Übergang vom Single-Dasein in die Gemeinsamkeit; zwei Einzelne übernehmen nun als Paar Verantwortung füreinander.
Mit einem Ritual, das ihren Wendepunkt strukturiert, demon-
strieren sie ihre Beziehung und ihre neue Identität als Verheiratete, sich selbst und ihrer Umgebung gegenüber. Wie sie ihr Fest
gestalten, wird von ihrem kulturellen Hintergrund ebenso wie
von ihren bisherigen Erfahrungen und Glaubensmustern geprägt sein. Vielleicht tauschen sie Ringe, um ihre Verbindung
zu symbolisieren? Was immer ihnen an »ihrem Tag« auch wichtig ist, sie würdigen diese Zäsur ihres Lebens, geben dem Abschied vom Bisherigen und ihrem Neubeginn eine erlebbare
Form.

Hochzeitsrituale sind unserer Gesellschaft vertraut, auch Taufen und Konfirmationen, Beerdigungen und Abiturfeierlichkeiten. Doch wie ist es um die vielen anderen Wendezeiten bestellt? Wo finden sich tragfähige Umgangsformen für Auszug, Migration, Arbeitsplatzwechsel, Adoption, Scheidung oder die ganz persönlichen kleinen, möglicherweise äußerlich unauffälligen und individuell doch so bedeutsamen Übergänge – das Jubiläum des Nicht-mehr-Rauchens?

Rituale sind nicht unumstritten
Die 68-er-Bewegung hatte sich unter anderem auch »die Entformalisierung und Entritualisierung der Gesellschaft« zur Aufgabe gemacht. Später wies Mary Douglas auf die Gefahren drohenden Sinnverlustes hin, wenn soziale Prozesse beliebig und ohne kollektive Handlungsperspektive bleiben. Es zeigt sich: je verbreiteter die Individualisierung, umso geringer die Ritualisierung. Heute finden Rituale wieder Einzug ins alltägliche und spirituelle Leben. Sie können helfen, übermäßige Komplexität zu reduzieren; sie geben Halt, Struktur, Orientierung. So befasst sich beispielsweise im beruflichen Bereich die Organisationsentwicklung mit der Einführung ritueller Konfliktlösung im Team, um dynamische Zuspitzungen zu verhindern.

Rituale vermitteln Halt und Orientierung
Bedeutung
- Psychische Funktion: Rituale geben unterschiedlichen Gefühlen Raum, dosieren und ordnen sie.
- Soziale Funktion: Rituale führen Menschen zusammen oder trennen sie (zum Beispiel ein versöhnendes Abschiedsritual) und verteilen klare Rollen.
- Zeitliche Funktion: Rituale strukturieren, gliedern die Situation durch einen klaren Anfang und ein klares Ende.

Ziel und Sinn
- Heilung (z.B. nach Trennung, Trauma)
- Identität, Beziehung bestätigen oder herstellen
- Glaubensmuster bekräftigen
- Affirmationen, Vorsätze einprägen

Schwellensituationen verlangen Struktur

Um wieder in die Balance zu kommen, sich im Neuen einzurichten und zu stabilisieren, bieten uns symbolische Handlungen und Rituale eine wertvolle Hilfe, vorausgesetzt, sie werden freiwillig durchgeführt.

Evan Imber-Black berichtet von einer Familie mit einer herzkranken Tochter. Lange Jahre angewiesen auf Fachärzte, erlebte sich die Familie als nur mit externer Hilfe überlebensfähig. Nach langjährigen Behandlungen ging es der Tochter zwar deutlich besser, doch waren die Eltern noch immer in Sorge, ob ihre Tochter überleben könne. Im Lauf ihrer familientherapeutischen Behandlung gelang es der Familie schließlich, ihre »Ausnahme«-Identität durch die einer »gewöhnlichen« Familie zu ersetzen. Mit einem Essritual, zu dem auch die Familientherapeutin eingeladen wurde, definierte sich die Familie abschließend als »Familie mit einem Mädchen, das zu einer Frau heranwachsen und nicht bald sterben würde«.

Religionen geben Rituale vor, um die Kluft zwischen Mensch und Gott, Ursprung und Schöpfungsordnung zu überwinden und Glaubensmuster gemeinschaftlich umzusetzen.

Vom Chaos zur Ordnung, denn die Welt ist stärker als der Mensch und Sinndeutung ist stärker als die Welt!

So schafft jede Kultur für ihre bedeutsamen Schwellensituationen und Initiationen entsprechende Rituale, um Lebensenergie sinnstiftend in geistige Energien zu transformieren, wie C.G. Jung diese Methode der »geistigen Hygiene« charakterisiert.

Auch immer wiederkehrende Ereignisse, wie das tägliche Begrüßungsritual des kleinen Kindes, sind gestaltete Formen des Verhaltens von Eltern und Kind, machen ihr Zusammenleben berechenbar, geben der Beziehung Verlässlichkeit und erzeugen im Kind Urvertrauen.

> 99 Luftballons
> Bunte Luftballons fliegen über München, schweben mit Briefen, Bildern und Wünschen versehen in den Himmel. Dorthin, wo sich die Kinder ihre verstorbenen Väter vorstellen können, sollen die liebevollen und traurigen Empfindungen reisen. Lange haben sie mit ihren Müttern, vier jungen Witwen, gemeinsam dieses Ritual vorbereitet.»Diese symbolische Verbindung mit dem Verlorenen hat den Kindern gut gefallen. Sie konnten konkret und aktiv etwas tun und ihre Gefühle ausdrücken, für die es keine Worte gibt«, beschreibt eine der Mütter das gemeinsame Ereignis.

Es ist weniger die äußerliche Form oder das Reden, die körperlich, seelisch und spirituell wirksam werden, als vielmehr die innere, ernsthafte Beteiligung beim Tun und eventuelles Gemeinschaftserleben. Der Glaube an die Wirksamkeit ritueller Handlungen wirkt psychodynamisch auf die Einzelnen und ermöglicht, einen gewünschten inneren Zustand hervorzurufen.

Belastendes zum Beispiel durch Ablegen von Steinen auszudrücken und nachzuspüren, wie sich das auch körperlich »erleichtert« anfühlt, kann in einer Trauergruppe ebenso bestärken, wie beispielsweise mit einzelnen Blumen oder Teelichten noch einmal konkret zu benennen, wofür ich dem anderen dankbar war oder bin.

Ein Paar nahm den fünfzehnten Hochzeitstag zum Anlass für ein Fest mit Zwischenbilanz. Freunde und Trauzeugen wurden mit einem Festmahl verwöhnt. Dann gab es einiges zu »verabschieden«: Dies wurde aufgeschrieben und einem Feuer übergeben. Für Neues, das verstärkt wachsen sollte, übergab die Tochter Sonnenblumensamen und Erde. Asche des Feuers wurde unter die Erde gemischt, damit die Kraft des Alten nicht verloren ginge. Sie bekräftigten noch einmal den Trauspruch und jeder der Anwesenden übergab einen Wunsch für den weiteren Weg zu zweit. Alle Beteiligten waren tief berührt.

Noch ein anderes Beispiel:

Zum fünfzigsten Geburtstag begleitete eine Gruppe von Frauen die Freundin mit einem Übergangsritual. Sie wurde gemeinsam über eine am Boden markierte »Schwelle« geführt. Mit den *Sieben Worten der Weisheit* von Khalil Gibran wurde sie jeweils einen Schritt weitergeführt, begleitet von Leitgedanken, die sie im neuen Lebensjahrzehnt stärken sollten. Getreu dem Motto: »Wir werden niemals einander verstehen, bis wir die Sprache auf sieben Worte reduzieren«, waren diese Schritte: »Du – Ich – Leben – Gott – Liebe – Schönheit – Erde«

»Rites de passage« nennt A. von Gennep Zeremonien, in denen eine einschneidende Erfahrung, wie das Ablegen einer Identität zum Erwerb einer neuen, vollzogen wird. Sie helfen, die Angst vor dem Neuen zu bannen und eigene Hilflosigkeit wirkungsvoll zu bearbeiten. Rituale markieren Entwicklungs-Schritte!

□ *Der entscheidende Schritt*

Ich stehe gut auf beiden Füßen und stelle mir vor, dieser Platz symbolisiert mein bisheriges Leben. Nun, am Wendepunkt, trägt mich dieser Ort nicht mehr, kann/darf ich nicht hier bleiben. Ich muss ins »Neuland« gehen, muss aufregende Entwicklungsschritte tun, um weiterleben zu können.

Bewusst hebe ich langsam einen Fuß und bemerke gleich die Veränderung. Wackelig wird mein Stand, gefährlich, und vielleicht wünsche ich mir, ich hätte es schon hinter mir. Diese instabile Situation repräsentiert meinen Wendepunkt, lässt mich Gefahr und Chance der Situation spüren. Es könnte mich »umwerfen« und es könnte ein Prozess beginnen, der mich in meinem Leben »vorwärts bringt«.

Langsam bewege ich meinen Fuß wieder auf den Boden zu. Auf welchen Untergrund komme ich? Neue Lebenssituationen sind wie Neuland, dessen Bodenbeschaffenheit noch unklar und nicht erprobt ist: Trägt mich dieses Fundament?

Ich stelle den Fuß auf, erleichtert, dass der Boden unter mir nicht nachgibt. Aufatmen und wieder mehr Balance spüren. Doch ich bin erst zur Hälfte hier, muss noch einmal Instabilität und Unsicherheit erfahren, bis ich endlich mit beiden Beinen fest am neuen Platz stehe, symbolisch im neuen Lebensabschnitt.

Was ich stellvertretend, das heißt symbolisch tue, ist damit bereits ein erstes kleines Stück Realität, macht mir Mut, denn es könnte doch auch in Zukunft gelingen!

Als »Geschiedene« oder »Ex« lebt es sich defizitär; mich wieder mit den »freien Frauen« rituell zu verbinden, bedeutet, einen gesunden Weg in ein neues Selbstverständnis und realitätsangemessene Perspektiven im gesamten Denken, Erleben und Handeln zu gehen.

Symbolische Handlungen und Rituale helfen, einen erlittenen Verlust als Tatsache zu realisieren. Sie geben dem erfahrenen Schmerz den erforderlichen Raum und Ausdruck. So ermöglichen sie es, sich an die neue Lebenssituation anzupassen und die am Alten gebundene Energie abzuziehen, um sie in neue Beziehungen zu investieren. Schließlich unterstützen sie Menschen darin, ihrem Wendepunkt in der persönlichen Lebensgeschichte einen guten Platz zuzuweisen.

»Alle Migranten trauern«

Das ist eine Aussage von Celia Falicov, einer Argentinierin, die in den USA lebt. Sie beschreibt, was es bedeutet, Familienmitglieder, Sitten und heimatliche Sicherheit aufzugeben. Zwar ist der Verlust nicht irreversibel und die Heimat erreichbar, doch sie ist nicht präsent, auch wenn politische Freiheit und eventueller wirtschaftlicher Wohlstand einen Ausgleich bieten. Es ist ein »uneindeutiger Verlust«, weil unklar, unvollständig und partiell. Physisch abwesend und psychisch anwesend in der alten, psychisch abwesend und physisch anwesend in der neuen Heimat zu leben, bedeutet Stress.

Diese Trauer wird von den Betroffenen als eine permanente beschrieben. Rasche Anpassung an die Wahlheimat wechselt mit Depression, Angst und geringer Lebenszufriedenheit. In ihrer Identität erleben sie sich zwischen »Verräter« und »Held«.

Auch hier verfügt unsere Gesellschaft über keine kulturell-kollektiven konkreten Rituale, die der Entwurzelung von Bezugssystemen und Vertrautheiten gerecht wird. Was hilft, vertraute Alltagsgewohnheiten in der Wahlheimat weiterzuführen.

Celia Falicov sieht eine Lösung in spontanen Ritualen: Geschenke, Besuche und Geldüberweisungen versteht sie als Verbindungs-Rituale, erzählte Geschichten aus der Vergangenheit als Erinnerungs-Rituale. Sie weist auf die Notwendigkeit bewahrter kultureller Rituale im Privatraum hin, empfiehlt, religiöse oder medizinische Rituale in den persönlichen Lebenszyklus zu integrieren und mittels solcher Erschaffungs-Rituale ethnische Räume in die neue Umgebung hineinzustellen

❐ *Planung eines Rituals*

Welchen Veränderungsschritt möchte ich/möchten Sie in der symbolischen Handlung vollziehen?

Die Tatsache der Trennung von meinem Mann.

Wie lautet die konkrete und präzise Formulierung?

»Ich bin nicht mehr die mit H. verheiratete Frau, sondern ab jetzt eine All-Einige (alles in einer!)«

Welche Bedeutung hat dieses Ereignis?

Ab jetzt lebe ich eigenverantwortlich und bin offen für neue Lebensentwürfe.

Was ist ein geeigneter Zeitpunkt?

Wenn ich seinen Namen zurückgegeben habe.

Wünsche ich mir andere Menschen dabei und wenn »ja«, wen und wofür?

Da ich eine Zugehörigkeit (die mit H.) verlassen habe, möchte ich mich in einen neuen Bezug (der Alleinlebenden) stellen. Ich wünsche mir dafür zwei meiner Freundinnen, die als Single leben: S. tut dies immer schon und K. hat als geschiedene Frau bereits einige Jahre Erfahrungsvorsprung.

Soll es ein geplantes Ritual werden oder soll es spontan improvisiert werden?

*Ich möchte den Ablauf vorher mit meinen Freundinnen
abstimmen. Das gibt mir in der Situation Orientierung
und Sicherheit.*

Wo könnte das Ritual stattfinden?

Auf jeden Fall von meinem Alltag getrennt.

Welche Gegenstände könnten diesen Übergang symbolisieren?

*Ein großer Stein für alles Belastende, was hinter mir liegt,
eine Pflanze für meine persönlich wichtigen Erfahrungen,
die in mir weiterleben werden, und ein Band, das meine
Verbindung mit der neuen Bezugsgruppe symbolisiert.*

Welche Handlungen repräsentieren die innere Veränderung?

*Den Meilen-Stein übergebe ich dem Fluss. Die Pflanze
bleibt bei mir, mit dem Band verbinden wir »Frei-Frau-
en« uns.*

Jedes Ritual benötigt Struktur, das heißt einen klaren Anfang,
ein deutliches Ende und Hüterinnen und Hüter des Ablaufes.
Wer wird wie dafür verantwortlich sein?

S. hat das übernommen.

Welches Ziel wird angestrebt?

Heilung, Identität und Beziehung!

Gemeinschaft erleben – Resonanz finden

Es gibt kein größeres Verbrechen als Weggehen.
Worauf kann man sich bei seinen Freunden verlassen?
Nicht auf ihr Tun.
Man kann nicht wissen, was sie tun werden.
Nicht auf ihre Art.
Sie kann sich ändern.
Nur auf eines, dass sie nicht weggehen.

Bert Brecht

Nicht weggehen – dableiben und aushalten! Dies gilt als Forderung und Herausforderung für alle, die Trauernde begleiten. Trauer fordert ein Gegenüber, ein Du, sie will gesehen und gehört werden. Resonanz und Gemeinschaft sind unverzichtbare Stützen in einem lebensfördernden Trauerprozess.

Trauernde haben das verständliche Bedürfnis, dass jemand diese Situation mit ihnen aushält, sie selbst so aushält, wie sie gerade sind. Aus eigenen Kräften finden Trauernde den Weg zum Gegenüber oft nicht, sind zeitweise nicht imstande, auf ein ehrlich gemeintes »Melde dich, wenn du was brauchst!« zu reagieren. Für den Begleiter heißt dies, selbst aktiv zu werden und eine aufsuchende »Geh-hin-Beziehung« zu entwickeln. Trauernde geraten leicht in Isolation. Das kann durch ein kämpferisches »Da muss ich alleine durch!« ebenso wie ein verschämtes »Abwarten bis es besser geht« geschehen. Vom Begleiter erfordert dies viel Sensibilität, ein hohes – jedoch nicht grenzenloses – Maß an Flexibilität, Einsatzbereitschaft und Belastbarkeit; weiter außen Stehende oder externe Begleiter sind hier oft geeigneter als Mitbetroffene.

»Freunde sind Gottes Entschuldigung für unsere Verwandten!«, so drückte ein Mann seine Enttäuschung aus. Seine Ursprungsfamilie hatte versucht, ihn vorzeitig mit der Perspektive

»Vergrab dich nicht so, dann findest du bestimmt bald wieder eine liebe Partnerin!« aufzumuntern. Dieser Druck ließ ihn zeitweise den Kontakt abbrechen.

Für Trauernde in einem höheren Lebensalter kommt erschwerend hinzu, dass ihr Freundeskreis bereits erheblich reduziert ist und sie leicht das Gefühl haben, selbst »übrig« geblieben zu sein.

Trauernde meiden nach dem Tod des Partners oder eines Kindes häufig Familien, die noch »vollständig« sind, da sie dies schmerzlich an den eigenen Verlust erinnert. Leichter fällt der Umgang mit Einzelpersonen oder Betroffenen, die ein ähnliches Schicksal teilen.

Dieses Grundbedürfnis nach solidarischer Gemeinschaft greifen verschiedene institutionalisierte Formen der Trauerbegleitung auf: Gesprächskreise, professionelle Einzelbegleitung, Trauerseminare oder Trauergruppen.

Als innovatives Projekt, das seit Jahren im Münchner Raum auf gute Resonanz stößt, stellen wir unser Projekt »Trauercafé« vor. Mit diesem Beispiel möchten wir Mut machen: Begleitende mögen sich anregen lassen, eigene Projekte zu entwickeln. Trauernden mag der »Blick hinter die Kulissen« Einblicke vermitteln, die dazu verhelfen, eventuell vorhandene Berührungsscheu abzubauen.

Das »Trauercafé« –
ein Angebot offener Trauerarbeit

Ausgangspunkt für die Entwicklung des Konzeptes war die Erfahrung, dass bei Vorträgen häufig der Wunsch nach Weiterarbeit und Vertiefung genannt wurde, es sich aber schwierig gestaltete, feste Gruppen aufzubauen. Trauernde waren unsicher: »Ist eine Gruppe hilfreich für mich? Schaffe ich es, regelmäßig zu kommen? Vielleicht geht es mir schon bald wieder gut!«

Mit dem Angebot »Trauercafé« werden wichtige Aspekte verknüpft:

- die Schwellenangst möglichst niedrig zu halten;
- eine gewisse Regelmäßigkeit und Kontinuität – Treffen im Rhythmus von drei bis vier Wochen;
- Vertrautheit in einem geschützten Rahmen zu gewährleisten;
- Offenheit für neue Teilnehmer, keine lange Wartezeit, individuelle Dauer der Teilnahme;
- fachliche Kompetenz der Leitung hinsichtlich Trauer und Gruppendynamik;
- angesiedelt in der Pfarrgemeinde, wohnortnah, konfessionsübergreifend.

Die Wortschöpfung »Trauercafé« soll dieses offene Konzept symbolisieren und einen möglichst natürlichen Raum schaffen, der ausdrückt: »Ich kann dort hingehen, ich kann mehr oder weniger aktiv dabei sein, auch »nur« einen Kaffee trinken. Ich kann kommen, solange es mir gut tut.« Das Angebot ist für Menschen mit den unterschiedlichsten Verlust- und Trennungserfahrungen – aktuell ebenso wie weiter zurückliegend – offen.

In der unmittelbaren Erschütterung eines Verlustes wird bisweilen das dringende Bedürfnis geäußert, bald eine Gruppe zu besuchen. Doch gilt es abzuwägen, dass die Konfrontation mit den Verlust-Erfahrungen der anderen Teilnehmer eine zusätzliche Belastung darstellen kann – wir empfehlen deshalb Vorgespräche mit der Leitung.

Wichtig ist das Gewährleisten eines geschützten Rahmens. Im Inneren heißt das, Gefühle und Erfahrungen nicht zu bewerten, nicht zu vergleichen, wer die »schwerste« Trauer zu tragen hat oder den »besten« Weg findet. Gemeinsam wird auf einen offenen und wertschätzenden Umgang miteinander geachtet. Nach außen heißt dies Verschwiegenheit.

Die Leitung trägt darüber hinaus Sorge für den äußeren Rahmen, eine gestaltete Mitte mit Blumen, Kerzen, vielleicht Symbolen. Die Leiterin und der Leiter sind auch Garant für Kontinuität in der Gruppe, sie sind für Organisation und Ablauf der Treffen zuständig.

*Schweigen
ist das Gefängnis.*

Reden ist der Schlüssel!

Das »Trauercafé« wird finanziert und durchgeführt in Kirchen-
gemeinden, die auch die Ausbildung ehrenamtlicher Leiterin-
nen und Leiter übernehmen. Es hat sich bewährt, wenn Seelsorger im persönlichen Gespräch zum Beispiel zur Regelung der
Bestattung darauf hinweisen und einige Wochen später durch
ein Anschreiben dieses Angebot in Erinnerung rufen.

Eine sinnvolle und effiziente Arbeit kann ab etwa fünf Personen beginnen. Es zeigt sich, dass neue Teilnehmende über einen Zeitraum von eineinhalb bis zwei Jahren bleiben. Dieser
Zyklus umfasst nicht nur die erste Phase nach dem Verlust, sondern auch das Trauerjahr, »das erste Jahr ohne ......« – persönliche Gedenktage, Weihnachts- und Urlaubszeit und den Wandel der Jahreszeiten.

»Schweigen ist das Gefängnis, Reden ist der Schlüssel!«
Es ist uns wichtig zu betonen, dass wir »die Trauer« nicht aus
ihrem natürlichen Umfeld herausnehmen und in einen Schonraum verbannen wollen. Da die familiären Beziehungen sich

gesamtgesellschaftlich aber wesentlich verändert haben (Entwicklung zur Kleinfamilie, räumliche Distanz der Familienmitglieder, zunehmende berufsbedingte Belastungen), finden Trauernde oftmals keinen geeigneten Raum, Zeit oder einen Ort, wo sie ihre Trauer zulassen und ausdrücken dürfen. Trauerangebote sind als Überbrückungshilfe gedacht, die zu einem versöhnlicheren Umgang mit der eigenen Trauer und der Trauer der anderen ermutigt, und dieses veränderte Bewusstsein wird hineingetragen in die Familien, in den Freundes- und Bekanntenkreis und kann dann auch dort heilsame Kraft entfalten.

Für einen begrenzten Zeitraum gehen wir ein Stück des Weges gemeinsam. An schwierigen Stellen reichen wir uns die Hand, doch jeder Mensch geht seine eigenen Schritte und trägt die eigene Last. Niemand wird getragen.

In der ersten Zeit nach dem Verlust liegt der Schwerpunkt verstärkt auf dem Blick zurück – in die gemeinsame Vergangenheit, auf Aspekte wie: »Wie war unsere gemeinsame Zeit? Was hinterlässt das Verlorene an Spuren in meinem Leben? Konnten wir voneinander Abschied nehmen? Was ist offen, unausgesprochen geblieben?«

Bisweilen ist dieser Blick zurück sehr einseitig, überlagert von belastenden Bildern einer schweren Erkrankung, von Selbstzweifeln, nicht genug getan zu haben. Unsere tief sitzende Abwehr – de mortuis nil nisi bene (über Tote nur Gutes) – verführt dazu, die Verlorenen auf ein hohes Podest zu stellen, sie zu glorifizieren und eigene Fehler und Unzulänglichkeiten überzubewerten. Der eigene Einsatz scheint »umsonst« gewesen zu sein, weil der geliebte Mensch dennoch gegangen ist. Hier hilft ein differenziertes Nachspüren: »Was habe ich denn damals getan? Was hätte ich gerne noch getan?« Eine selbstkritische Auseinandersetzung und liebevolle Erinnerungsarbeit richtet den Blick nicht einseitig auf das Fehlende, sondern erfordert Anerkennung des Gewesenen; es vor anderen zu benennen, gibt ihm nachhaltig Gewicht.

»Schweigen ist das Gefängnis, Reden ist der Schlüssel« steht auf einem Handzettel und dieses »Darüber-Reden« trägt dazu bei, dass das Gewesene eine fassbare Form erhält – meine Geschichte. Allmählich wird so die äußere Realität zu einer inneren Gewissheit.

Die Trauerzeit ist eine Übergangszeit. Neben dem Blick zurück nimmt auch der Blick auf die Gegenwart und schließlich auf die Zukunft einen thematisch breiten Raum ein. Durch Körperübungen, Tänze, Musik, meditative Übungen und kleine Rituale werden alle Sinne angesprochen. Wir kommen selbst in Bewegung, in Kontakt mit uns und der Umgebung. Über die Sinne wird die eigene Lebendigkeit angesprochen, die Sinnhaftigkeit des eigenen Lebens hinterfragt. Glaubensfragen, Fragen nach dem Danach und Wohin werden offen angesprochen; tief im Glauben verwurzelte Trauernde kommen ebenso zur Gruppe wie Menschen ohne konfessionelle oder religiöse Bindung. Von der Leitung wird nicht erwartet, dass sie auf alles eine Antwort weiß, doch sind Mut und Kreativität erforderlich, um jedem Resonanz zu geben und die Zuversicht zu stärken:

Du findest deinen Weg durch das Labyrinth der Trauer, du wirst dabei nicht nur dem tiefen Schmerz begegnen sondern auch neue Perspektiven für dein Leben gewinnen!

Ablauf eines monatlichen Treffens im »Trauercafé«

■ Ankommensrunde: Teilnehmer trinken einen Kaffee und knüpfen persönliche Kontakte.
Runde: Was war für mich in den zurückliegenden vier Wochen wichtig? Was waren schwere Momente? Was gab es an guten Erfahrungen?
■ »Mein Weg geht weiter« – Wir werden heute den Blick nach vorne richten. Wir tanzen zur Einstimmung den Ulmentanz nach Anastasia Geng.

- Um die gestaltete Mitte werden verschiedene Bildkarten aus-
gelegt (Wege in verschiedenen Landschaften, Jahreszeiten,
Wege mit Anstiegen und Gefälle).

Zu meditativer Musik (zum Beispiel *Eternity and a Day* von Eleni
Karaindrou) wählen die Teilnehmer ein Bild aus: Welches Bild
könnte meinem Weg entsprechen? Wohin führt mein Weg?
Die Teilnehmer spüren nach, was dieses Bild in ihnen bewegt.
Dann tauschen sie sich zweimal mit einem Partner aus: Was er-
fahre ich auf meinem Weg? Wer oder was begegnet mir auf meinem Weg? Was brauche ich, um meinen Weg gut zu gehen?
Der Partner hört zu und gibt Rückmeldung: Was spricht mich an
dem Bild an, was löst es in mir aus? Welchen Wunsch gebe ich
für diesen Weg mit?
Dabei ist es wichtig, dass nicht interpretiert werden soll, sondern dass das Bild phänomenologisch gesehen wird. Beispielsweise so: Ich sehe, der Weg führt zu einem Baum, ich bekomme
Lust, dort im Schatten zu verweilen.
Fremde Aspekte erweitern das eigene Bild, doch abgrenzen: das
ist nicht meine Sicht!
Jeder stellt kurz sein eigenes Wegbild und wichtige Perspektiven
in der Großgruppe vor.

- Abschluss: Tanz wiederholen, als Erinnerungsimpuls die Karten mitnehmen.

»Jedem das Seine, jeder das Ihrige, nicht allen das Gleiche!«
Das »Trauercafé« erfreut sich als Angebot der offenen Trauerarbeit in Pfarreien und auch im Hospizumfeld als Ergänzung
zu Trauergruppen wachsender Beliebtheit.

Die unterschiedlichen Verluste, die sich ständig verändern-
de Zusammensetzung und Größe der Gruppe erfordert professionelle Kompetenz.

Da bisweilen sehr unterschiedliche Trauer-Erfahrungen eingebracht werden, ist achtsamer Umgang unverzichtbar. So ist
zum Beispiel die Aussage einer Geschiedenen zu einer Witwe:
»Ihr Mann ist zwar gestorben, aber Sie wissen, dass er sie geliebt

hat! Ich muss aushalten, dass er zu einer anderen Frau geht. Das ist viel schwerer zu ertragen!«, nicht sehr tröstlich. Hier gilt es immer wieder, auf Wertschätzung und Toleranz zu achten und nicht in der Trauer zu konkurrieren.

Gemeinschaft in Gruppe, Seminar, Einzelbegleitung

Solidarische Gemeinschaft finden Trauernde in offenen oder geschlossenen Gruppen, in Seminaren, in sogenannten Oasentagen, auch auf Trauer-Reisen (Hilfsangebote im Anhang, S. 203 ff.).

Durch Verknüpfen meditativer Elemente, kreativer Übungen und Rituale entsteht eine innere Verbundenheit. Die Bereitschaft, sich auf »Ungewohntes« wie Tänze, Malübungen, Phantasiereisen einzulassen, ist bei einzelnen Trauer-Tagen bisweilen größer, die Konzentration besser als am Ende eines Arbeitstages. Da die Gruppe nur einmal zusammenkommt, ist die Anonymität auch für jene ein Vorzug, deren Verlust tabuisiert ist.

Sich für einen ganzen Tag intensiv auf das Thema einzulassen, beständig in der gleichen Gruppe zu sein, gibt Sicherheit. Für Hinterbliebene mit Kindern ist es oft leichter, Betreuung für einen einzelnen Tag zu organisieren, eventuell wird ein Kinderangebot durchgeführt.

Es findet sich allerdings auch die gegenteilige Erfahrung: Das Eingebettet-Sein in den Alltag vermittelt durch seine regelmäßige Wiederkehr Stabilität, Vorfreude auf das nächste Treffen.

Mehrtägige Seminare ermöglichen einen intensiven Trauerdurchgang. Im Vorfeld lösen sie aber bisweilen die bange Frage aus: »Halte ich das durch, drei Tage nur zu trauern?« Selbstverständlich geht es nicht darum, drei Tage zu weinen!

Neben diesen Gruppenangeboten hat auch die Einzelbegleitung ihren Platz. Trauerbegleitung ist als Überbrückungs-Maßnahme zu sehen, deren Ziel es ist, sich langfristig überflüssig zu machen.

Checkliste für Leitende

- Finanzierung abklären, feste Teilnehmerbeiträge, freiwillige Spenden.
- Ehrenamtliche Leitung oder Honorarbasis?
- Wechselnde Gruppenzusammensetzung und -größe bedenken.
- Raumbedarf und -belegung abklären, Termine veröffentlichen.
- Raumgestaltung, Medieneinsatz(Textblätter, Rekorder).
- Information über therapeutische Angebote/Adressliste bereithalten.

Abschied vom Arbeitsplatz – ein Trauer(Bei)spiel?

Der Wechsel oder Verlust eines Arbeitsplatzes heißt Abschied in umfassendem Sinn: Abschied von vertrauten Menschen, von gewohnten Abläufen, Zeitstrukturen, Abschied von einem erarbeiteten Status von Wertschätzung, auch Hinterfragen von Lebenszielen und Sicherheiten. Mit der Arbeit, dem Arbeitsplatz ist die eigene Identität eng verknüpft.

Wenn wir einen Wechsel aufgrund eigener Veränderungswünsche anstreben, sind wir eher geneigt, uns den obigen Aufgaben zu stellen; auch der Abschied vom Berufsleben bei Erreichen des Rentenalters hat eine eigene Dynamik.

Wenn uns aber eine Kündigung trifft, kann diese Erschütterung eine existenzielle Sinn- und Lebenskrise auslösen. Auch wenn wir auf diese vielschichtigen Probleme hier nicht eingehen, ist das folgende Interview ein Appell an Mitarbeitende und Vorgesetzte, Abschiede bewusst mitzugestalten, ein Plädoyer für gesellschaftliche Solidarisierung und Legitimation von Trauer am Arbeitsplatz.

Interview mit Brigitta Kofler, Sozialarbeiterin, Trauerbegleiterin, München

Frage:

Das Thema »Abschied vom Arbeitsplatz« war mehrmals ein persönliches Thema für Sie. Wie nahmen Sie wahr, dass damit Trauergefühle verknüpft waren?

Brigitta Kofler:

Obwohl ich selbst es gewesen war, die kündigte, habe ich gespürt, wie schwierig dieses Abschied-Nehmen ist, wie vieles unausgesprochen blieb. Meines Erachtens haben wir wenig geeignete Formen, etwas zu einem guten Ende zu führen, selbst wenn es lange Jahre gut gelaufen ist.

Mit den Kolleginnen und Kollegen konnte ich meinen anstehenden Abschied gut besprechen und angehen. Von Seiten der Leitung war der Abschied tabuisierter. Da gab es offensichtlich Befangenheit.

Die Gefühle, die ich selbst erlebt habe und die auch an mich herangetragen wurden, waren sehr ambivalent. Da gab es Bestärkung und Unterstützung, aber auch Neid, weil ich die eingefahrenen Geleise verließ und mich auf Neuland wagte. Dies, obwohl mein Schritt zunächst in Unsicherheit und sogar in Arbeitslosigkeit führte.

Manche gestanden mir Trauergefühle auch nicht zu, weil ich es ja »so wollte«. Die Solidarität in der Trauer wäre sicher größer gewesen, wenn mir gekündigt worden wäre. So spürte ich meine Trauer und Wehmut überwiegend allein: Vieles würde ich jetzt zum letzten Mal hier tun, wie würde das, was ich aufgebaut hatte, weiter gehen?

Ich löste jedenfalls Irritation aus. Für einen Teil der Klienten war ich die Bezugsperson gewesen, die Anlaufstelle für ihre Sorgen. Diese versuchten, mich umzustimmen, ich dürfe sie nicht im Stich lassen.

Abschiede waren eher intern, für die Abteilung ein Thema,

nicht für den Gesamtbetrieb. Abschiede finden meist auf freiwilliger Basis statt, wie Einladungen zum Kaffee. Ich empfinde es als einen Mangel, wenn z.b. in einer Teamsitzung der Abschied nicht thematisiert wird. Ein neuer Mitarbeiter wird offiziell vorgestellt und eingeführt, doch dazu gibt es kein Pendant.

Frage:

Was brauchen Menschen in dieser Situation? Was haben Sie als hilfreich erlebt?

Brigitta Kofler:

Mir tat gut, die gewesene Zeit zu reflektieren, Dinge gut abzuschließen oder an andere zu übergeben, jemand neu einzuarbeiten und meinen Arbeitsplatz aufzuräumen. Um die bisherige Gemeinschaft zu würdigen, war mir ein gemeinsames schönes Erlebnis wichtig, ein gemeinsamer Ausflug.

Ich denke, dass auch ein gutes Abschlusszeugnis wichtig ist.

In meinem Freundeskreis gab es Unterstützung, aber auch Vorwürfe nach dem Motto: »Wie kannst du diesen Arbeitsplatz verlassen, diese Sicherheit aufgeben?«

Ich nahm bei anderen wahr, dass Trauergefühle durch Erschöpfung oder »Burn-Out« überlagert waren und sich erst verzögert zeigten.

Meine neue Situation war nun, arbeitslos und somit ein Teil der vielen Arbeitslosen zu sein. Ich bekam andere Stimmungen mit, in Gesprächen, beim Arbeitsamt. Ich spürte die Last der Arbeitslosen und traf Menschen, die schon viele Male ihren Arbeitsplatz verloren hatten. Mir wurde eindringlich bewusst, dass dieses Trauerthema im Alltag kaum Raum findet.

Frage:

Sie haben ein Seminar »Abschied vom Arbeitsplatz »entwickelt, wie war die Resonanz?

Brigitta Kofler:

Das Seminar bot ich in einem »Arbeitslosentreff« an und wurde auch von dort unterstützt. Die Seminarteilnehmer kannten sich und waren von den Sozialpädagogen zur Teilnahme ermutigt worden. Es waren hauptsächlich Langzeitarbeitslose. Bemerkenswert war, dass sich bei manchen diese Verluste durch das ganze Leben zogen. Es gab offene Abschiede aus ihren Familien. Auch die Schule war nicht abgeschlossen. Die meisten litten unter großer Unsicherheit und hatten auch Angst, überhaupt noch etwas Neues zu suchen, da sie es bestimmt wieder verlieren würden. In einem Klageritual konnten sie ihrer Wut, ihren Kränkungen, ihrer Resignation, der Ungerechtigkeit Ausdruck geben. Dieses Ritual traf ihre Empfindungen am stärksten. Auch Schuld war ein großes Thema: Wo sind die anderen schuld, wo fühle ich mich schuldig?

Am Ende des Rituals war ein Satz vorgegeben: »So war es und ich stehe dazu!«

Das hat manche ganz tief erschüttert: Ich bin eigentlich noch nie so zu mir gestanden, sagte ein Betroffener.

Für manche wurde dies zum Ausgangspunkt einer Wandlung, es machte eine Lebensorientierung sichtbar, die auch ohne Arbeitsplatz Sinn geben kann.

Frage:

Die Wahrscheinlichkeit, dass man im Laufe seines Lebens den Arbeitsplatz verliert, ist relativ hoch. Was können wir lernen, um besser damit zurechtzukommen?

Brigitta Kofler:

Zwischenbilanz zu ziehen ist hilfreich: Was war gut? Was ist noch offen?

Unter den Mitarbeitern laufen viele und intensive Gespräche, aber ich finde, auch Vorgesetzte brauchen diese Fähigkeit der Abschiedsgestaltung. Mit einfachen Worten und Gesten sollten sie ihre Anerkennung ausdrücken oder auch, was nicht so optimal war, ansprechen. Dieser Austausch ist besonders dann wichtig, wenn von der Leitung her gekündigt wird. Die Floskel, »Wir sehen uns ja wieder«, empfinde ich wie eine Falle, da sie das wirkliche Abschied-Nehmen verhindert. Mehr Angebote gibt es für den Eintritt in den Ruhestand, doch auch hier liegt der Schwerpunkt auf den neuen Perspektiven. Der andere wichtige Aspekt, nämlich was brauche ich, um von der Firma wirklich gut gehen zu können, wird nicht berücksichtigt.

Da zunehmend ganze Abteilungen und Firmen aufgelöst werden sehe ich, dass wir gesellschaftlich noch einiges an Präventivarbeit zu leisten haben.

Ausblick

Wenn du das Ende von dem erreichst,
was du wissen solltest,
stehst du am Anfang dessen,
was du fühlen solltest.

Khalil Gibran

Nun hat uns der Weg ans Ende und auch wieder an den Anfangspunkt zurückgeführt. Der Trauerweg als Entwicklungsweg verändert uns, wir haben uns gewandelt. Doch wenn wir den schweren Weg gegangen sind, können wir auch wieder Licht am Ende des Tunnels sehen. Wenn wir das Verlorene bewusst verabschiedet und losgelassen haben, die Endgültigkeit des Abschieds akzeptieren können, sind wir auch gerüstet für künftige Abschiede und werden nicht zuletzt befähigt, einen Blick auf unser eigenes Ende zu werfen.

Trauerfähigkeit ist ganz elementar Lebensfähigkeit. Auf dem Weg der Trauer ändern wir nicht nur unser eigenes Verhältnis zur Welt, sondern in kleinen Schritten werden wir langsam auch diese Welt ein Stück verändern. Diese Chance bietet sich nicht nur den Trauernden, sondern auch den Begleitenden. Indem sie Anteil nehmen, bewegen und verändern sie sich mit. Auch Begleitende spüren Dankbarkeit, wenn dieser Weg ins Leben gelingt.

Berechtigt sind Analogien zu den Qualitäten, wie sie ein Geburtshelfer aufweisen muss: Schmerz, Wehen und Unsicherheit begleiten, den rechten Fluss im Auge behalten, weder Stillstand noch Hektik zulassen, abwarten können und geduldig bleiben, klar und energisch antreiben, falls Stillstand droht. Alles ist auf Neuanfang ausgerichtet und doch wohnt auch diesem Anfang ein Abschied inne. Dies dürfen wir als Begleitende miterleben und mitfeiern.

Es ist eine Auszeichnung, solche Wege mitzugehen, für die wir an dieser Stelle nochmals ausdrücklich danken möchten.

Mein Leben hat sich verändert
ich habe mich verändert,
ich lebe bewusster,
einfühlsamer,
mit dem Wissen
was wirklich von Bedeutung ist.
Ich habe mich für das Leben entschieden.

Doris Wolf

Mit einem irischen Segenswunsch verabschieden wir uns von Ihnen. Möge er Sie begleiten, wenn sich unser gemeinsamer Weg nun trennt.

Ich wünsche Dir,
dass Dich das Licht
eines neuen Morgens
hell umfängt,
und dass die ersten
Sonnenstrahlen
Deine Müdigkeit berühren
und Deine Traurigkeiten
erwärmen.
Ich wünsche Dir,
dass die weißen Wolken am Himmel
Deine versunkenen Träume
wieder neu aufsteigen lassen in Dir
und Deine wiedererweckten Sehnsüchte
Dich in den Tag hinein bewegen.
Ich wünsche Dir,
dass der Wind
Deinen Atem belebt
und Dich erfrischt
zu neuen Schritten,
durch die Veränderung geschieht.
Ich wünsche Dir,
dass Dich die Dunkelheit der Nacht
nicht ängstigt und bedroht,
sondern dass Dir ein Stern aufleuchtet,
der Dir Hoffnung verheißt
für den beginnenden Tag.

Ich wünsche Dir,
dass Du erfahren mögest,
dass alles, woran Du gelitten hast,
nicht vergeblich gewesen ist,
und dass Dir Kräfte zuwachsen,
Deine Begabungen zu entfalten
Und die Beziehungen zu Menschen,
die Deinem Herzen nahe stehen,
heilvoll und fruchtbar zu gestalten.
Ich wünsche Dir,
dass der kommende Tag
ein gesegneter für Dich sein wird.

Hier erhalten Sie Hilfe

Angebote und Adressen

Die im Folgenden genannten Kontaktadressen veralten mitunter schnell. Als beste Quelle erweist sich daher eine Internetadresse, soweit genannt.

M.I.T.
Münchner Institut für Trauerpädagogik
Grabmannstr. 19
81476 München
Fon/Fax: 089/74548120
http://www.mit-institut.de
E-Mail: info@mit-institut.de
Weiterbildung, Supervision und Beratung für Menschen, die beruflich oder ehrenamtlich mit der Bewältigung von Krisen- und Abschiedssituationen befasst sind.
Trauerbegleitung für Betroffene.

AETAS
Lebens- und Trauerkultur
Elisabeth Berger
Dantestr. 29
80637 München
Fon: 089/1592760
Fax: 089/15927620
Bestattungen, Begleitung durch alle Lebensabschnitte

Akademie für Palliativmedizin, Palliativpflege und Hospizarbeit
Rotkreuzplatz 2a
80634 München
Fon: 089/1301808-0
Fax: 089/1301808-18
http://www.apph.org
E-Mail: info@apph.org
Aus-, Fort- und Weiterbildung im Bereich Palliative Care

AMB – Akademie für menschliche Begleitung
Dr. Jorgos Canacakis
Goldammerweg 9
45134 Essen
Fon: 0201/442469
Fax: 0201/471800
http://www.canacakis.de
E-Mail: mail@ambnet.de
Trauerseminare, Fortbildungen

Die Arche
Viktoriastr. 9
80803 München
Fon: 089/334041
Fax: 089/395354
http://www.die-arche.de
Suizidprävention, Krisenintervention und Therapie für Menschen in
Lebenskrisen und bei Suizidgefahr sowie nach Suizidversuchen.
Öffentlichkeitsarbeit und Fortbildungen für Fachkräfte.

Deutsche Hospizstiftung
Im Defdahl 5-10
44141 Dortmund
Fon: 0231/7380730
Fax: 0231/7380731

Informationsbüro München
Baldestraße 9
80469 München
Fon: 089/2020810
Fax: 089/20208111
http://www.hospize.de
E-Mail: info@hospize.de

Deutsche Krebshilfe e.V.
Thomas-Mann-Str. 40
Postfach 1467
53111 Bonn
Fon: 0228/72990-0
Fax: 0228/72990-11
http://www.krebshilfe.de
E-Mail: deutsche@krebshilfe.de

Irmgard Häussermann
Peukinger Weg 92
59423 Unna
Fon/Fax: 02303/592957
und
Jenny von Borstel
Fon: 05226/987893
E-Mail: jenny.von.borstel@t-online.de
Wanderwege der Seele.
Reisen zu Kraftorten in der Natur für Trauernde und Menschen in
Übergangszeiten.

Lebensquelle Trauer
Elsa Tsangaris
Alsenstraße 2
42781 Haan
Fon: 02129/1719
Fax: 02129/377849
http://www.lebensquelle-trauer.de
E-Mail: info@lebensquelle-trauer.de
Begleitung und Unterstützung für Menschen in Lebens- und Trauer-
krisen. Aus- und Weiterbildung.
Susanne Schniering

Gedenkplatz für nicht beerdigte Kinder
Fon/Fax: 040/2209848
Gedenkfeiern, Veranstaltungen, Trauerseminare, Fortbildungen.

Telefonseelsorge Deutschland
Überregional kostenlos:
Fon: 0800-1110111 (evang.)
Fon: 0800-1110222 (kath.)
Regional:
11101 (evang.)
11102 (kath.)

TrauerInstitut Deutschland e.V.
c/o ALPHA Rheinland
Von-Hompesch-Str. 1
53123 Bonn
Fon: 0228/746547
Fax: 0228/641841
http://www.trauerinstitut.de
E-Mail: info@trauerinstitut.de

Verwaiste Eltern in Deutschland e.V.
Fuhrenweg 3
21391 Reppenstedt
Fon: 04131/6803232
Fax: 04131/681140
http://www.veid.de
E-Mail: kontakt@veid.de
Hilfen und Begleitung für Familien, die vom Tod eines Kindes betroffen sind.

Adressen in Österreich:

Ambulante Krisenintervention
A-5020 Salzburg
Fon: +43/662/433351

Dachverband Hospiz Österreich
Lainzer Str. 138
A-1130 Wien
Fon: +43/1/8039868
Fax: +43/1/8049743
http://www.hospiz.at
E-Mail: dachverband@hospiz.at

Fonds Gesundes Österreich – SIGIS
Mariahilferstr. 176
A-1150 Wien
Tel: +43/1/89504 00-22
Fax: +43/1/8950400-20
http://www.fgoe.org
E-Mail: sigis@fgoe.org
Service- und Informationsstelle für Gesundheitsinitiativen

IFF – Palliative Care und Organisationsethik
Schottenfeldgasse 29/4
A-1070 Wien
Fon: +43/1/5224000-101
Fax : +43/1/5224000-178
http://www.univie.ac.at/iffpallorg
E-Mail: pallorg.iff@univie.ac.at
Österreichische Krebshilfe Oberösterreich
Harrachstr. 13
A-4020 Linz
Tel. +43/732/777756-0
Fax +43/732/777756-4
http://www.krebshilfe-ooe.at
E-Mail office@krebshilfe-ooe.at

Regenbogen Österreich
Obfrau: Mag. Elisabeth Widensky
Canisiusgasse 17/10
A-1090 Wien
Fon/Fax: +43/1/3191923
http://www.glueckloseschwangerschaft.at
Hilfe bei glückloser Schwangerschaft und Selbsthilfegruppen bei Tod
des Kindes um die Geburt herum
Telefonseelsorge Österreich
Vorwahl – 1770

Verwaiste Eltern Österreich
Fon: +43/664/4851929
E-Mail: sabine.reisinger@aon.at
http://www.viennanet.at/VerwaisteEltern

Adressen in der Schweiz:

Europäisches Institut für angewandte Humanforschung (EIFAH)
Erika Bachmann
Teufenerstr. 112
9000 St. Gallen
Fon/Fax: +41/71/2786181
Vermittelt Trauerbegleitung, Seminare, Fortbildungen

Fach- und Beratungsstelle für Angehörige Kranker, Sterbender und
Verstorbener
Zielstr. 5
8400 Winterthur
Refugium
Ebo Aebischer-Crettol
Waldriedstr. 23
3074 Muri bei Bern
Fon: +41/31/9515007
Fax: +41/31/9519304
E-Mail: monebo@bluewin.ch
Selbsthilfegruppe für Partnerverlust nach Suizid

Regenbogen Schweiz
http://www.verein-regenbogen.ch/
Für Eltern, die um ein verstorbenes Kind trauern

Schweizerische Gesellschaft für Krisenintervention und
Suizidprophylaxe
Prof. Dr. med. Asmus Finzen
Psychiatr. Universitätsklinik
Wilhelm-Klein-Str. 27
Postfach
CH-4025 Basel
Fon: +41/61/3255111
Fax : +41/61/3255258
http://www.pukbasel.ch/
E-Mail: pukinternet@pukbasel.ch

Stiftung »Begleitung in Leid und Trauer«
CH-8400 Winterthur
Fon: +41/52/2690212

Telefonseelsorge Schweiz
Fon: Vorwahl – 143

Literatur

Aebischer-Crettol, Ebo: *Aus zwei Booten wird ein Floß. Suizid und Todessehnsucht: Erklärungsmodelle, Begleitung und Prävention.* Haffmanns Sachbuch, Zürich 2000

Bamberger, Günter G.: *Lösungsorientierte Beratung.* Psychologie Verlagsunion, Weinheim 1999

Bolen, Jean Shinoda: *Krankheit und die Suche nach dem Sinn.* Hugendubel, München 1998

Boss, Pauline: *Leben mit ungelöstem Leid. Ein psychologischer Ratgeber.* Beck, München 2000

Callanan, M., Kelley, P.: *Mit Würde aus dem Leben gehen.* Droemer Knaur, München 1993

Canacakis, Jorgos: *Ich sehe deine Tränen. Trauern, klagen, leben können.* Kreuz, Stuttgart 2002

Canacakis, Jorgos: *»Wiederanbindungs-Konzept«. Private Aufzeichnungen*

Candolini, Gernot: *Im Labyrinth sich selbst entdecken.* Herder, Freiburg 2001

Candolini, Gernot: *Labyrinthe. Ein Praxisbuch zum Malen, Bauen, Tanzen, Spielen, Meditieren und Feiern.* Pattloch, Augsburg 1999

Carstensen, Richard: *Griechische Sagen.* dtv junior 70314, München 2001

Chu Viktor: *Die Kunst, erwachsen zu sein – wie wir uns von den Fesseln der Kindheit lösen.* Kösel, München 2001

DeShazer, Steve: *Der Dreh. Überraschende Wendungen und Lösungen in der Kurzzeittherapie.* Carl, Hans, Heidelberg 2002

Decurtius, I.: *Lebensformen nach dem Bruch.* In: »System Familie« 10/4.1997

Evangelisches Kirchenlexikon. Wissenschaftliche Buchgesellschaft, Darmstadt 1996

Falicov, Celia Jaes: Learning to Think Culturally. In: Liddle, H.A., Breunlin, D.C., Schwartz, R.C. (Hrsg): Handbook of Family Therapy Training and Supervision. The Guilford Press N.Y.
Frankl, Viktor E.: Ärztliche Seelsorge – Grundlagen der Logotherapie und Existenzanalyse. Fischer TB 42157, Frankfurt/Main 1983
Fried, Erich: Beunruhigungen. Wagenbach, Berlin 1997
Fried, Erich: Es ist was es ist. Liebesgedichte Angstgedichte Zorngedichte. Wagenbach, Berlin 1986
Fromm, Erich: Haben oder Sein. Die seelischen Grundlagen einer neuen Gesellschaft. dtv Müchen 1998

Geng, Anastasia: Schlüsselblume. MC + Heft für Tanzanleitungen. Best.Nr. 180 101 (zu beziehen über Owen Sneiders, Salzmannstr. 152, D-48159 Münster)
Gibran, Khalil: Die Perle. Rems-Murr-Nachrichten, Waiblingen, 08.01.2000
Gibran, Khalil: Der Prophet. Walter, Zürich und Düsseldorf 2001
Gibran, Khalil: Die Sieben Worte der Weisheit. Walter, Zürich und Düsseldorf 1997
Grell, Brigitte, Wolf, Carola: Ein Ende ist immer ein Anfang. Von den Ängsten und neuen Hoffnungen. Lebensgeschichten von Frauen aus dem anderen Deutschland. Kaiser, München 1992

Hoffmann, Kaye: Tanz durch Labyrinth. Heilsame Verwirrung: sich verlieren, um sich zu finden. TRANSFORM-Verlag, Oldenburg 1994

Imber-Black, Evan; Roberts, Janine; Whiting, Richard A.: Rituale. Rituale in Familien und Familientherapie. Carl-Auer-Systeme, Heidelberg 2001

Jülicher, Jochen: Es wird alles wieder gut aber nie mehr wie vorher. Echter, Würzburg 1999

Kachler, Roland: Wege aus der Wüste. Mit Elia Krisen durchleben. Quell, Stuttgart 1993
Karaindrou, Eleni: Eternity and a Day. CD ECM New Series 1692 465 125-2

Kaschnitz, Marie Luise: *Was willst du, du lebst*. Fischer TB, Frankfurt/Main 1992

Kast, Verena: *Trauern. Phasen und Chancen des psychischen Prozesses*. Kreuz, Stuttgart 1982

Kast, Verena: *Freude, Inspiration, Hoffnung*. dtv, München 1997

Kern, Hermann: *Labyrinthe*. Prestel, München 1999

Knoop, Christiane; von Glahn, Bettina Stephanie: *In den Tod geboren. Trauer im Kreißsaal*. Kongressband des IX. Hebammenkongresses 2001

Leiter, Karin E.: *Ach wie gut dass jemand weiß – Trauerbegleitung mit Märchen*. Tyrolia, Wien 1996

Lukas, Elisabeth: *Rendezvous mit dem Leben. Ermutigungen für die Zukunft*. Kösel, München 2001

Marrow, Alfred J.: *Kurt Lewin – Leben und Werk*. Klett-Cotta / J. G. Cotta'sche Buchhandlung Nachfolger, Stuttgart 1977

Mohl, Alexa: *Metaphern-Lernbuch. Geschichten und Anleitungen aus der Zauberwerkstatt*. Junfermann, Paderborn 1997

Neysters, Peter, Schmitt, Karl Heinz: *Denn Sie werden getröstet werden – das Hausbuch zu Leid und Trauer, Sterben und Tod*. Kösel, München 1993

Pisarski, Waldemar: *Anders trauern – anders leben*. Kaiser TB, 1982

Pisarski, Waldemar: aus: »Trauern und Trösten« – Hilfen für Helfer (Zeitungsartikel)

Rechenberg-Winter, Petra: *Es beginnt mit einem Abschied: zur Adoption freigegeben*. Kongressband des IX. Hebammenkongresses 2001

Rechenberg-Winter, Petra, Gerstacker, Ruth: *Abschied – Trauer – Neubeginn. Ein Tabu erweist sich als preiswürdig*. In: Leben am See, Jahrbuch Band XIX, Tettnang 2002 (Senn)

Rotthaus, Wilhelm: *Wozu erziehen? Entwurf einer systemischen Erziehung*. Carl-Auer-Systeme, Heidelberg 1999

Rückert, Friedrich: *Kindertodtenlieder*. Insel it1545, Frankfurt/M. 1993

Schaffer, Ulrich: Kurzartikel in »Impulse 02/2002«, im Internet unter www.kummernetz.de

Schniering, Susanne: *Ich trage dich in meinem Herzen*, Hanna Strack-Verlag, Pinnow-Schwerin 2001

Schweda, A., Hillmann, S. (Hrsg.): *Diagnose: Unheilbar. Mit der Wahrheit leben.* (Kapitel über Trauer von K. Kopp-Breinlinger / P. Rechenberg-Winter). Claudius, München 2000

Saint-Exupéry, Antoine de: *Der Kleine Prinz.* Rauch, Düsseldorf 2000.

Specht-Tomann, Monika; Tropper, Doris: *Zeit des Abschieds. Sterbe- und Trauerbegleitung.* Patmos, Düsseldorf 1998

Sperl, Ingo: *Die Kunst und Fähigkeit zu trauern dargestellt am Beispiel der rumänischen Totenklagen.* Deutsche Hochschulschriften 1182, Verlag Dr. Hänsel-Hohenhausen

Tausch-Flammer, Daniela, Bickel, Lis: *Wenn Kinder nach dem Sterben fragen – ein Begleitbuch für Kinder, Eltern und Erzieher.* Herder, Freiburg 1994

Voss-Eiser, Mechtild: *Noch einmal sprechen von der Wärme des Lebens.* Herder Spektrum, Freiburg 1997

Weiher, Erhard: *Die Religion, die Trauer und der Trost. Seelsorge an den Grenzen des Lebens.* M. Grünewald, Mainz 1999

Welter-Enderlin, R., Hildenbrand, B.: *Gefühle und System.* Carl-Auer-Systeme Verlag und Verlagsbuchhandlung GmbH, Heidelberg 1998

Welter-Enderlin, R., Hildenbrand, B. (Hrsg): *Rituale – Vielfalt in Alltag und Therapie.* Carl-Auer-Systeme Verlag und Verlagsbuchhandlung GmbH, Heidelberg 2002

Winter, Hedi: *Heute will ich leben. Gedichte und Gedanken.* Vogt, Markdorf 1995

Wolf, Doris: *Einen geliebten Menschen verlieren. Vom schmerzlichen Umgang mit der Trauer.* PAL Verlagsgesellschaft, Mannheim 1995

Worden, William: *Beratung und Therapie in Trauerfällen.* Hans Huber, Göttingen 1999

Zink, Jörg: *Trauer hat heilende Kraft (Bilder und Texte).* Kreuz, Stuttgart 1985

Zink, Jörg: *Was bleibt, stiften die Liebenden.* Kreuz, Stuttgart 1997

Quellenverzeichnis

Die Fotos auf den Seiten 2-19, 31-43, 49-201 stammen von Christiane Knoop, Worpswede.
Die Fotos auf den Seiten 20,25,45 stammen von Michaela Breit, München.

S. 11 Tina Krug. Aus: Mechtild Voss-Eiser (Hrsg.): Noch einmal sprechen von der Wärme des Lebens ..." ©Verlag Herder, Freiburg 1997, S. 75
S. 19 Fundort unbekannt.
S. 21 Aus: Gernot Candolini, Im Labyrinth sich selbst entdecken. © Verlag Herder, Freiburg 2. Auflage 2002
S. 24 Aus: Lektüre für Minuten. © Suhrkamp Verlag Frankfurt
S. 30 © Ulrich Schaffer
S. 36 Nachzeichnung des Labyrinths in der Kathedrale von Chartres
S. 45 Rechte bei der Autorin
S. 48 Aus: Widerstand und Ergebung. © Chr. Kaiser/Gütersloher Verlagshaus GmbH, Gütersloh
S. 51 Sascha Wagner. Aus: Mechtild Voss-Eiser (Hrsg.). Noch einmal sprechen von der Wärme des Lebens ..." © Verlag Herder, Freiburg 1997, S. 154
S. 68 Zitate aus: Erhard Weiher. Aus: Die Religion, die Trauer und der Trost. Seelsorge an den Grenzen des Lebens. © Matthias-Grünewald-Verlag, Mainz 1999, S. 137 - 139
S.70 Hilde Domin. Aus: dies., Gesammelte Gedichte. © S. Fischer Verlag GmbH, Frankfurt am Main 1987
S. 77 Erich Fried. Aus: Beunruhigung. © 1984, NA 1997 Verlag Klaus Wagenbach Berlin
S. 110 Renate Salzbrenner, Rechte bei der Autorin
S. 115 Aus: Jochen Jülicher. Es wird alles wieder gut, aber nie mehr wie vorher. Echter Verlag Würzburg, 3. Auflage 1999
S. 118 Rechte bei der Autorin
S. 140 Fundort unbekannt
S. 152 ff Rechte bei den Autorinnen
S. 158 Alexa Mohl. Aus: Metaphern-Lernbuch. Geschichten und Anleitungen aus der Zauberwerkstatt. Junfermann, Paderborn 1997, S. 22f.

S. 161 Aus: Ingo Sperl. Die Kunst und Fähigkeit zu trauern dargestellt am Beispiel der rumänischen Totenklage. Deutsche Hochschulschriften 1182, Verlag Dr. Haensel-Hohenhausen

S. 167 Renate Salzbrenner, Rechte bei der Autorin

S. 186 Bertold Brecht. Aus: Werke. Große kommentierte Berliner und Frankfurter Ausgabe, Band 14. © Suhrkamp Verlag Frankfurt 1993

S. 199 Doris Wolf. Aus: Einen geliebten Menschen verlieren. Vom schmerzlichen Umgang mit der Trauer. PAL Verlagsgesellschaft mbH, Mannheim, 9. Auflage 2002

Immer gibt es Sinn im Leben

Elisabeth Lukas zeigt über konkrete Fallgeschichten aus ihrer therapeutischen Erfahrung Sinnpotenziale auf: Quellen authentischen Lebens erschließen sich, wenn Menschen ihre spirituellen Wurzeln erspüren.

Elisabeth Lukas
SPIRITUELLE PSYCHOLOGIE
Quellen sinnvollen Lebens
182 Seiten. Klappenbroschur
ISBN 3-466-36491-4

Elisabeth Lukas
**IN DER TRAUER LEBT
DIE LIEBE WEITER**
Mit zahlreichen farbigen
Fotos von Rita Briese
102 Seiten. Gebunden
ISBN 3-466-36516-3

Trauerbewältigung ist seelische »Schwerstarbeit«. Dabei sind Trauernde häufig allein gelassen. In dieser Situation will das aus reicher therapeutischer Erfahrung erwachsene Buch stiller und Trost spendender Begleiter sein.

kompetent & lebendig
PSYCHOLOGIE & LEBENSHILFE

Kösel-Verlag, München, e-mail: info@koesel.de
Besuchen Sie uns im Internet: www.koesel.de